오키나와의 역사와 문화

호카마 슈젠(外間守善)

심우성 옮김

東 文 選

오키나와의 역사와 문화

外間守善

沖縄の歴史と文化

© 1986, 外間守善

옮긴이 말씀

섬나라 일본의 가장 남쪽에 위치한 '오키나와'는 여러 섬이 모여 한 나라를 이루었던 옛 류큐 왕국〔琉球王國〕이었다.

본토의 메이지정부〔明治政府〕에 의하여 1879년 나라를 빼앗기고 오키나와현(縣)이 되었는가 하면, 1945년 일본이 제2차 세계대전에 패망하면서는 미국의 통치시대를 겪는다. 그러고는 1972년 다시 오키나와현으로 복귀하는 등 역사적으로 아픔이 많았던 섬이다.

우리나라와는 이미 고려시대부터 다양한 문물이 오갔음을 사서에서 볼 수 있으며, 조선시대에는 양국간의 피로인(被擄人)과 표류인(漂流人)의 상호 교환을 계기로 경제적 문화적 측면에서 교류가 계속되었음을 《조선왕조실록》은 4백37건이나 기록하고 있다. 물론 중국을 비롯하여 동남아시아와 서양에 이르기까지 오감이 많았음은 물론이다. 다시 우리나라와의 관계로 돌아오자. 제주 섬과의 관계는 많은 문헌과 바닷가 촌로들의 옛 이야기에서 보고 듣게 됨을 말하고자 한다.

아득한 예전부터 탐라인과 류큐인은 풍파를 타고 먼 길을 오갔음을 증언하는 것이 아닌가 한다. 지금도 제주의 역사와 문화를 연구하고 있는 몇몇 제주사학자들의 의견은 뜨거워만 간다.

이러한 지난 역사를 근거로 하여 국립제주박물관은 다음과 같은 특별교류전을 가진 바 있다.

「한국—일본 오키나와의 조개 제품을 통한 선사시대 문화의
재발견」

　　　　　해양문물교류 특별전 I, 2005
　「탐라(耽羅)와 유구왕국(琉球王國)」
　　　　　해양문물교류 특별전 II, 2007.

　[특별전 I]의 전시품은 우리나라 선사시대, 역사시대의 생산
기구, 생활 도구, 장신구 등의 조개 제품과 오키나와의 구석기
시대, 패총시대, 구스쿠시대, 류큐 왕국시대, 근현대의 생산기
구, 생활 도구, 장신구 등의 조개 제품들이었다.

　[특별전 II]의 전시품은 류큐왕가의 전래 유물을 비롯하여 칠
기, 도자기 등의 전통공예품, 14-16세기의 해상 교역품, 우리
나라와 류큐국과의 관계를 보여주는 유물 · 보물 등이 전시 공
간을 꽉 채우고 있었다.

　꼭 가고 싶은 곳이 제주도라면서도 노환으로 오지 못하는《오
키나와의 역사와 문화》의 저자에게 「특별전 I, II」의 소개 책자
나마 보내드려야 하겠다.

　저자 호카마 슈젠(外間守善) 선생은 1924년 오키나와 출생
으로 평생을 고향의 역사와 문화를 연구 · 정리하고 있다.

　《오키나와 고어(語) 대사전》《남도의 문학》《남도의 민요》
《남도의 신가(神歌)》《오키나와 학(學)으로서의 길》등 많은 저

서가 있다. 지금은 도쿄에 거주하면서 '오키나와학연구소'를 세워 일본뿐만 아니라 특히 아시아 각국의 관련학자들의 연구·집합소가 되고 있다.

옮긴이는 1991년 오키나와에 한 번을 가 3일간 경치 구경한 것이 다이니 저자 호카마 선생과 함께 가고 싶기도 하지만 서로가 건강이 좋지 않아 그럴 수도 없다.

'오키나와학연구소'에 나를 처음 소개한 사람은 도쿄에 사는 일본인 인형극인 다카바다케 루미〔高畠ルミ〕씨이다. 사전에 여러 차례를 찾아가 호카마 선생을 설득했다. 옮긴이가 되고자 하는 심우성은 북쪽 섬 홋카이도〔北海道〕의 원주민인 아이누족(族)의 역사와 문화를 담은 《아이누 민족의 비석》을 번역·출간한 사람이라며 내가 자기에게 준 이 책을 호카마 선생에게 드린 것이다.

그러한 연유로 해서 저자로부터 승낙의 소식이 편지로 나에게 왔다. 서둘러 도쿄로 가 뜨거운 악수를 하며 승낙서를 받게 되었다.

정겨운 글씨로 번역·출판을 허락해 주신 호카마 선생, 길을 놓아 준 다카바다케 여사, 일어 번역에 항시 도움을 주고 있는 박해순 님 모두 감사할 뿐이다.

이 책을 출간해 주시는 도서출판 동문선 신성대 사장님, 예쁘게 책을 엮어 주신 이정민 님 고맙습니다.

2008년 1월 옮긴이 심 우 성

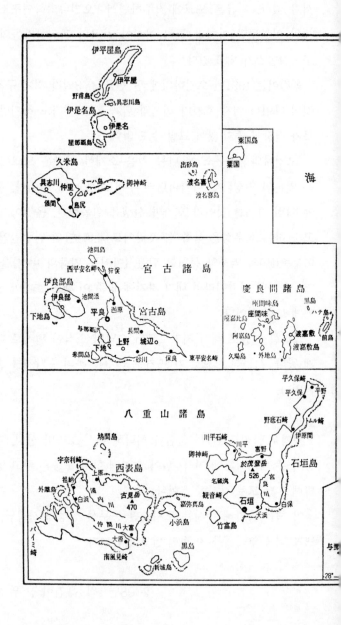

伊平屋島

伊平屋

野甫島　　　具志川島

伊是名島

伊是名

屋那覇島

粟国島

粟国

海

久米島　　　　　　　　　　　出砂島

具志川　　　オーハ島　　御神崎　　　渡名喜
　仲里　　　　　　　　　　　　　渡名喜島
儀間　　島尻

池間島

西平安名岬　　狩俣　　　宮古諸島

伊良部島　　　　　　　　　　　　　　　慶良間諸島

伊良部　　池間添　　　　　　　　　　　　座間味島　　黒島
下地島　　　平良　西原　宮古島　　　屋嘉比島　座間味　　ハテ島
　　　　　与那覇　長間　　　　　　　　　　　阿嘉島　　　渡嘉敷
　　　　　下地　上野　城辺　　　　　　　　久場島　外地島　渡嘉敷島　前島
来間島　　　　　　　　砂川　保良　東平安名崎

平久保崎

平久保　平野

八重山諸島　　　　　　　　　　　　野底石崎　　トムル崎

川平石崎　川平　　　伊原間

鳩間島　　　　　　　御神崎　富野　石垣島

宇奈利崎　西表島　　　　　於茂登岳
祖納　上原　　　　　　　　526
外離島　浦内　　　　　　名蔵湾　宮　　　　　　　　良
白浜　　川　　　　　　　観音崎　川　白保
古見岳　　　　　　嘉弥真島　石垣
　　470　　　　　　　　　大浜
仲間川大富　　小浜島　竹富島
バイミ崎　大原　　　　　　　　黒島

南風見崎

新城島

与那

28°—

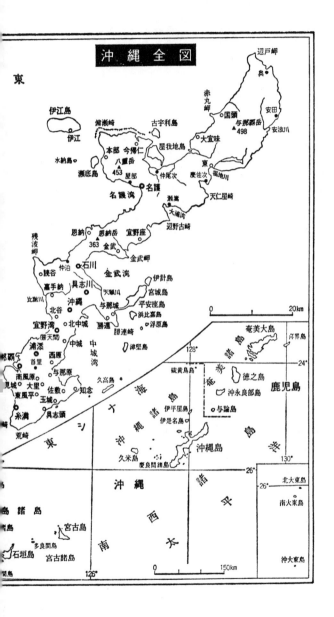

沖 縄 全 図

차 례

서설
태평양 문화권 속의 오키나와

사바니(쿠리배)로 출어하는 미야코지마〔宮古島〕의 어부

태평양을 둘러싼 여러 문화

일본인 루트와 오키나와 미나토가와 사람〔港川人〕

오키나와 본도 구시카미촌〔具志頭村〕 미나토가와〔港川〕에서 1970년경 약 1만8천 년 전인 홍적세의 인골 5구가 발견되어 학계의 비상한 관심이 쏟아졌다. 그후 미나토가와인으로 불리는 이 인골은 중국 광서성〔華南〕에서 출토된 홍적세 인골 류우코인〔柳江人〕과 죠몽인〔繩文人〕과 혈연적으로 깊은 관련이 있으며, 죠몽인의 먼 조상으로 볼 수 있다는 보고서가 자세하게 발표되었다. 이로써 오키나와를 포함하여 일본인의 뿌리를 찾는 연구에 밝은 빛이 비치게 되었다. 단지 이 정도 자료로 일본인의 뿌리를 화난〔華南〕에서 찾기에는 성급한 면도 있지만, 분명 홍적세에는 화난 → 오키나와 → 일본 본토로 이어지는 루트가 있었음이 분명하다.

한편 이전부터 지금까지 아이누인에 대해 백인설(白人說), 오스트레일리아 원주민과 계통이 같다는 학설이 있다. 최근의 연구는 아이누인을 몽골로이드(황색인종)에 속하며 죠몽인과 왜인의 중간으로 보고 있다. 이로써 아이누인이야말로 일본인의 뿌리에 가장 근접한 사람으로 주목하고 있다. 그 견해가 올바르다면 죠몽인·왜인·오키나와인·아이누인은 혈연 관계를 갖게 되며, 일본인의 뿌리를 찾는 하나의 고리를 남쪽의 오

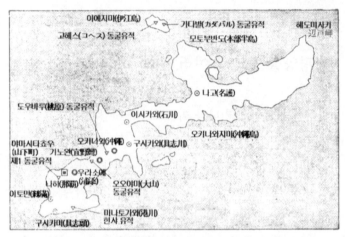

홍적세(洪績世) 인류 유적

키나와를 아우르며 북쪽으로 확대할 수 있다.

오키나와 내에서 보면 미나토가와인은 이전에 발견된 나하시(那覇市)의 야마시타도우진[山下洞人, 나하항에서 가까운 오우노야마[奧武山, 남쪽에 위치한 류큐 석탄압지대의 유적에서 출토한 화석인골. 8세 정도의 여자아이로 추측. 약 3만2천 년 전-역주]), 이에지마[伊江島]의 가다발 도우진[カダバル洞人], 기노완시[宜野灣市]의 오오야마도우진[大山洞人]이 있다. 또 미야코지마[宮古島]의 핀자아부 동굴에서 사람의 뼈가 발견되기도 했다. 이로써 오키나와에서 홍적세 인류 유적의 모습을 확인할 수 있다. 오키나와 고고학 연구는 신석기시대의 죠몽[繩文]·야요이[彌生] 토기는 큐슈[九州], 특히 북큐슈[北九州]와의 관련이 확인되는 등 최근 들어 더욱 활발하게 연구되고 있다.

야포네시아 구상(構想)

오키나와 연구는 드넓은 동아시아, 동남아시아를 시야에 담으면서 고고학 분야를 포함하여 여러 분야에 걸쳐 이루어지고 있다.

남태평양에 넓게 분포되어 있는 네 개 도서군[島嶼群] 인도네시아·멜라네시아·미크로네시아·폴리네시아와 대치(인간생태학에서 인구와 제도의 공간적인 배치의 변화 과정을 나타내는 개념)시키며, 북쪽의 홋카이도[北海道]부터 남쪽 오키나와의 요나구니지마[与那國島]까지 태평양의 서북쪽에 떠 있는 가늘고 긴 섬을 동반자로 삼는 거대한 시각으로 바라본 야포네시아(Japonesia). 이 야포네시아에 대한 구상은 문화를 사상적인 측면으로 바라본 시마오 도시오[島尾敏雄]에 의해 처음으로 제창되었다. 야포네시아 문화론은 학문적으로 체계가 확립되지 않고 단편적이라는 아쉬움도 남지만, 한번쯤 일본문화의 현상을 이러한 시각에서 재평가해 보는 것도 새로운 의미를 발견할 가능성도 있을 것이다.

네 도서군[島嶼群]의 문화 전파에 대한 연구가 야포네시아 문화 구상의 밑바탕이 되었다. 그 중 하나 폴리네시아 문화 연구에서 민족학·언어학 등의 힘을 빌리면서 원류를 인도네시아, 화난[華南] 주변에서 찾을 수 있을 것으로 추측하고 있다. 또 인도네시아에서 남태평양 주변에 흩어져 있는 사모아제도(Samoa Islands.), 타히티섬(Tahiti I.), 마르퀘세스제도(Marquesas

Islands)로 전파되어 더욱 북상하여 하와이제도, 남하하여 뉴질랜드 등으로 전파된 민족 이동, 문화 전파의 여정까지 살펴볼 수 있다. '네시아'로 불리는 도서군에서 민족 이동, 문화 전파의 여정을 찾아내려는 시선을 여기서 발견할 수 있을 것이다.

한편 오키나와를 중심으로 고찰하면서 주변 여러 문화와 관련하여 단서가 될 만한 두세 가지 문제를 거론하고자 한다. 첫째로 신화학(神話學)의 문제가 있다.

신화학 분야에서는 일찍부터 천지창조 신화의 하나로 동아시아와 동남아시아, 폴리네시아에 널리 분포되어 있는 형제자매 시조형 홍수 신화에 대해 주목하고 있다. 같은 유형의 신화가 오키나와는 물론, 고우리지마〔古宇利島〕, 미야코지마〔宮古島〕, 이시가키지마〔石垣島〕 등지에 남아 있다. 그것은 일본 신화의 이자나기 · 이자나미 신화와 통하는 것으로 일컬어지고 있다.

둘째로 민족음악 연구 분야가 있다. 오키나와의 민족음계는 율음계(律音階. 도레미솔라도. 일본 전통음악의 5음 음계의 하나. 율선법(律旋法: 궁 · 상 · 영상 · 각 · 치 · 우 · 영우))이라고도 한다. 주로 아악에서 사용)와 류큐음계(琉球音階. 류큐를 중심을 배양된 음계. 도미파솔시도. 이 음계는 인도네시아의 발리 섬이나 베트남 · 미얀마 · 인도 등의 음계와 같은 구조를 보인다)로 나뉜다. 지금까지 고지마 도미꼬〔小島美子, 1929년 출생. 일본 음악연구 1인자. 국립역사민속박물관 명예교수〕에 의한 연구는, 율음계와 그 변종을 토대로 류큐음계가 확산되었다고 한. 오키나와의 신가(神歌)와 고대 가요 '우무이쿠에나'가 율음계이다. 산신〔三線〕에 맞춰 노래하는 서정가인 류우카〔琉歌〕가 주로 류큐음계인 점을 고려하면 이 논의는 문예사적으로도 수긍이 간다.

그런데 최근 들어 류큐 고유의 것으로 여겼던 류큐음계와 비슷한 음계로서 인도네시아 펠로그(Pelog, 균등분할 음계) 음계가 있고, 자바 섬, 발리 섬에서 행해지고 있는 가믈란(gamelan, 인도네시아 타악기 중심의 대표적인 전통음악)이 있다고 한다. 비슷한 음악이 인도·스리랑카·버마·네팔·부탄·미크로네시아·폴리네시아의 오지(奧地)에 고립된 형태로 널리 분포되어 있다는 조사 보고가 고이즈미 후미오(小泉文夫, 1927-1983. 일본의 민족음악학자)에 의해 밝혀졌다. 이러한 분포 양상은 류큐음계가 아주 오래된 음계이며, 오키나와에 와서 재생된 것이 아닌가 하는 극히 대담한 견해를 내놓았다.

이 견해 역시 명확한 실증 자료로 입증해야겠지만, 인도를 포함한 동남아시아부터 태평양문화권에 걸친 넓은 시야 속에서 오키나와 음악문화를 조명해야 할 것이다.

굽이쳐 다가오는 문화의 파동

이렇게 동아시아에서 동남아시아, 나아가 하와이를 포함한 태평양문화권으로 시야를 넓혀보면, 사해(四海)의 물결은 지리적·역사적으로 다양한 모습으로 오키나와를 향해 굽이쳐 흘러들었음을 추측할 수 있다.

역사시대로 들어오면 아지(按司)로 불리는 부족장이 대두하면서 비로소 오키나와의 역사가 태동하기 시작했던 13세기부터 15세기는 동아시아, 동남아시아의 역사도 격동의 동란기였다.

그 의미에서 오키나와의 역사도 아시아 전역의 역사적인 흐름에 촉발되어 태동했다고 볼 수 있다.

일본은 12세기말에 확립된 무가정치(武家政治) 가마쿠라막부〔鎌倉幕府〕가 1333년에 멸망하고, 아시카가 다카시〔足利尊〕에 의한 무로마치막부〔室町幕府〕가 1338년에 성립되었다. 그 무렵 중국은 1368년 근린제국에 맹호를 떨쳤던 원(元)이 멸망하고 명(明)나라가 일어났다. 조선 역시 1392년에 4백 년 이상 지속되었던 고려가 멸망하고 조선이 탄생했다. 특히 오키나와 역사는 명나라의 성립 이후 동남아시아의 역사에 대단히 커다란 영향을 미치게 된다.

같은 시기 원나라 군대의 침략을 받은 동남아시아 각 지역의 역사는 격렬하게 요동치고 있던 13세기는 커다란 역사의 전환기를 맞고 있었다. 특히 눈에 띄는 움직임으로, 1293년 자바에서 힌두교의 나라인 마자파이트 왕조가 성립, 1350년 샴(타이)의 아유타야 왕조(Ayutthaya, 王朝, 14세기 중반에서 18세기 후반까지 타이 중부 메남 강 유역을 통치하던 왕조. 법령을 정비하고 무역 번성. 기독교 포교 인정, 불교문화를 꽃피움) 성립, 1402년경 말라카 왕국(1400년경부터 1511년까지 말라카를 중심으로 번영한 왕국)의 성립 등이 있으며, 오키나와 역사와 깊이 관련되어 있다.

마자파이트 왕조는 14세기 중엽 황금기를 맞이한다. 궁정문화 속에서 꽃피운 문학, 무용, 음악(가믈란), 자바 갱사(=바틱(batik). 밀랍으로 방색하여 새, 짐승, 식물, 꽃, 기하학적 무늬를 염색한 것을 총칭) 등은 류큐 왕국이 궁정문화를 꽃피운 모습과 너무도 비슷하다. 타이족 최초의 독립 왕국을 만든 아유타야 왕조는 4백 년 이상 지속되며 번영했다. 동남아시아의 무역 국가로 역사를 뚫고 나와 류큐 왕조와도 교역·교류가 아주 오래도록 지속되었던 왕조이다.

한편 인도 이슬람화의 영향을 받아 동남아시아 각지, 특히 수마트라, 자바 등의 해항도시(海港都市)를 중심으로 14세기부터 15세기에 걸쳐 이슬람화가 급속하게 진행되었다. 이슬람화와 더불어 교역이 활발해지면서 해항도시가 활기를 띠게 된다. 특히 15세기초에 말라카 왕국이 탄생하면서 동남아시아에서 교역활동이 눈부시게 발달한다.

한편 그 무렵 동아시아 교역 루트는 왜구(倭寇)의 출현과 명나라의 해금정책(海禁政策, 왜구 문제에서 발단. 해안 지역에서 일어나는 반란을 막기 위해 해안을 봉쇄. 공식적인 해상 활동 이외의 모든 것을 금지)으로 그저 명맥만 유지하던 시기였다. 그곳에 등장한 세력이 14,5세기 류큐 산잔〔三山: 츄우잔〔中山〕, 난잔〔南山〕, 호쿠잔〔北山〕〕의 호족들인데, 산잔〔三山〕이 통일되어 류큐 왕국을 이룩한다. 쇠퇴하고 있던 동아시아 교역과 번성기를 맞이한 동남아시아의 교역 루트를 연결하는 중계지로서 류큐 왕조의 출현은 지리적·역사적 필연성이 있었다고 볼 수 있다. 여러 상황을 미루어 볼 때, 해금정책을 취하며 외국에 개입에 신중을 기했던 명나라가 류큐 왕국과 마라카 왕국만은 특별히 우호적인 태도를 유지했던 것도 역사적으로 이해할 수 있다.

인도네시아부터 남태평양으로 뻗어나간 인간들과 문화는 멜라네시아·폴리네시아·미크로네시아 도서군에 뿌리를 두고 있는데, 폴리네시아 문화권인 하와이와 통가 등에서 왕조가 구축되기는 했어도 자바·타이·베트남 등과 같이 높은 문화를 만들어 내지는 못했다.

이처럼 드넓은 태평양문화권 안에서 왕조의 역사와 문화를 바라볼 때, 자바와 타이 왕조처럼 오랜 역사를 살아오며 무역경제·정치·외교를 비롯하여 독자적인 문화의 꽃을 피운 류큐 왕조는 아주 특이한 존재이다. 특히 도자공예, 염직공예, 칠공예, 예능, 음악 등은 동아시아, 동남아시아, 그리고 폴리네시아계 문화와의 연계를 지금까지 확실하게 전해주는 4백 년 왕조 문화는 일본의 한 변방에 있는 지방문화가 아닌, 태평양문화권 안에서 폭넓게 바라보는 새로운 시점이 필요하다고 생각한다.

오키나와 문화에 대한 인식

도작문화(稻作文化)의 북상설(北上說)과 남하설(南下說)

이처럼 오키나와 문화를 거시적인 관점에서 바라보게 된 것은 최근의 일이며, 새롭게 밝혀지고 있는 여러 과학적 성과를 보면서 그 필요성을 통감하고 있다. 그런 만큼 향후의 연구가 어떠한 연관성과 발전을 보여줄지 미지수이다. 여기서 과거 오키나와의 문화계통론을 정리하고자 한다.

야나기타 구니오[柳田國男, 1875-1962. 민속학자]의 《해상의 길》(海上の道, 1962년)이, 오키나와 일본문화의 원류와의

연관성에 대해 서술한 내용으로 유명하다. 야나기타는 쿠로시오 해류[黑潮, 필리핀 동쪽 해역에서 발원하여 대만의 동쪽, 일본의 남쪽을 거쳐 북위 35도 부근에서 동쪽으로 굽어 흐르는 해류]를 타고 일본 해변에 표류하는 남국의 야자수 열매에 대한 동경을 싣고, 일본문화의 원류로 생각되는 야요이 도작문화는 중국 화난(華南) 지방에서 오키나와 섬들을 해상의 길 삼아 섬으로 전파되며 북상해 왔다고 생각했다. 야나기타는 1921년 처음 오키나와를 방문하여 《해남소기》(海南小記, 1925년)를 저술한다. 이 책은 일본문화의 기층에 있는 무심한 많은 민속이 남방기원(南方起源)인 점을 지적했던 일본문화 북상설의 선구적인 저작이다.

야나기타의 오키나와 연구는 전후(戰後) 본격화되어, 〈자패[宝貝]에 관한 것〉(1950년)을 비롯한 여러 논문에서 일본인 도래의 〈해상의 길〉을 제창한다. 〈자패[宝貝]에 관한 것〉에서, 미야코지마[宮古島]와 멀리 떨어진 섬 이케마지마[池間島]의 야에비시[八重干瀬]에서 착안하여 그곳에서 많이 채취되는 자패와 벼농사를 연결짓고 있다.

중국에서는 진시황제(기원전 3세기경)가 천하통일 이전까지인 전국시대에, 해남의 특산품인 자패[小安貝, 사투리 '스비']가 통용 화폐로 소중히 여겼다. 17세기에도 오키나와와 아시아 각지의 교역 기록인 《역대보안(歷代宝案)》에 자패를 뜻하는 '해파(海巴)'라는 문자가 자주 등장하는 것으로 보아 수요가 컸음을 알 수 있다. 명대(明代)부터 청대(淸代) 초기에도 오키나와의 자패를 구입하여 두메산골까지 가서 교역에 사용했다. 지금

이하 후유우(伊波普猷)

도 화난(華南)과 동남아시아 각지의 고지(高地) 민족은 자패를 장신구로 소중히 여기고 있다.

야나기타는 자패 교역을 살피면서, 화난에서 오키나와 섬으로 자패를 찾아 건너온 사람들이 장기간 체류할 것에 대비하여 벼를 들여왔다고 생각했다.

야나기타 구니오와 달리 '오키나와학(沖繩學)의 아버지'로 불리는 이하 후유우(伊波普猷, 1876- 1947. 학자, 계몽가. 평생 오키나와 연구)는 오키나와의 언어와 민속은 큐슈(九州)에서 시간을 두고 차츰 남쪽으로 옮겨간 것이며, 일본문화에 기원을 두고 있다고 정리하며 오키나와학 체계화를 시도했다. 요컨대 기원전 3세기경 큐슈의 동남부 연안에 있던 아마베(海人部)가 아마미오지마(奄美大島)를 거쳐 남하한 것이 오키나와 개벽 신화에 등장하는 아미미코를 오키나와인의 조상으로 생각했다. 그후 인세이기(院政期, 平安時代의 후기)부터 일본의 문화가 남하하기 시작하여 언어와 민속에 자취가 남아 있다고 보았다.

계속해서 일본문화 남하설은 하네지 쵸오슈우(羽地朝秀, 1617-1675. 류큐 왕국의 정치가)를 비롯하여 근세 왕조 이후 오키나와 역사관의 주류를 차지하게 된다. 일본문화의 남하설은 시마즈(島津, 1609년 류큐 왕국 침략·유린하고 그 영토인 아마미·오시마 지역을 식민지로 편입)의 류큐 침입에 의한 딜레마에서 오키나와를 해방하려 한 정치적 노력에 동기를 둔 것으로,

메이지(明治) 이후 이하(伊波)의 연구도 그 연장선상으로 받아들여졌다. 하지만 이하 후유우의 연구는 근대 과학의 이론과 방법론에 입각한 실증적인 면에 입각한 것임을 유념하기 바란다.

한편 민속학자 히가 순쵸우(比嘉春潮, 1883-1977. 류큐 역사 연구가)는 오키나와 문화가 서방(西方)에 해당하는 중국 특히 화난의 영향을 강하게 받은 점, 남방적 민속 요소를 간과해서는 안 된다고 지적하고 있다. 이들 세 사람은 각각의 방위를 일방적으로 주장한 것이 아니라, 문화적 여러 요소에 널리 관심을 두고 살피면서 특히 유의해야 할 문화 전파의 방향을 시사하고 있는 점에 주의하기 바란다.

야나기타 구니오에 의한 도작문화북상설은 많은 사람들의 주목을 받았다. 그후 북큐슈 일대에서 발굴된 선사시대의 카이와(貝輪, 조개팔찌. 패각(shell)으로 만들어진 고대 일본 팔찌(bracelet)로 고대인의 복식품(服飾品)의 하나)는 투박조개, 큰보말 등 류큐 열도와 남해에서 잡히는 조개로 만든 것이라는 나가이 마사부미(永井昌文, 1924-2001. 큐슈 고고학의 선구자. 의학박사)의 면밀한 고증도 발표되었다.

또한 무라가미 시치로(村山七郞)에 의한 남방계 언어와 류큐 방언을 포함한 일본어와의 관련에 대한 언어학적 발언, 기타 민속학·민족학·비교신화학·고고학 등의 연구에서 남방계 문화와 오키나와 문화의 연계를 포석으로 깔고 일본문화가 남쪽에서 전래되었음을 시사하는 발언이 나온 것은 오키나와 문화에 관한 1970년대 학문적 경향이었다. 적어도 일본으로 들어온 대륙계 문화가 오키나와 문화의 기본적인 성격을 형성하고 있다는 식으로 발언해 온 그때까지의 연구에서 보면 새로운 측면을 개척한 것으로 주목되었다.

다만 새롭게 개척되고 있던 남방계 문화와의 관련이 오키나와 문화의 바탕을 이루고 있었던 것인지, 어느 시점에서 표층에 씌워졌는지에 대한 자료, 연구가 아직 충분치 않아 전체를 통합할 수 있는 문화사적인 사고방식으로 논리를 정리할 수 없다.

오키나와 문화의 복합성(複合性)

최근 들어 구석기시대는 차치해두고, 야요이 문화시대부터 역사시대로 들어온 이후, 오키나와 문화 속에서 차지하는 대륙계 문화와 남방계 문화의 비중은 대륙계 문화 쪽이 좀더 밀도 있게 다루어졌다. 언어학을 비롯해 고고학 · 역사학 · 민속학 등의 입장에서 적지 않게 발언되고 있다. 정리해 보면 일본 큐슈를 경유해 들어온 대륙계 문화이며, 그것을 주류로 이후 일본 본토에서 들어온 것, 직접 중국에서 들여온 것, 남방의 여러 지역에서 들여온 것 등이 다양하게 섞여 복합문화가 되었다고 봄이 타당할 것이다.

지리적 · 역사적 필연으로 다양한 문화가 만날 수밖에 없는 오키나와의 문화 특성을 다룰 때, '문화 복합'의 시점이 중요하다. 비교적 쉽사리 문화 현상의 실태를 볼 수 있는 '사물의 문화'에서 그 계보를 확인하면서 이 '문화 복합'의 문제를 살펴보고자 한다.

술의 역사

오키나와 술의 역사는 《오모로소우시》에 보이는 '미키〔神酒〕'와 《곤코우켄슈우〔混効驗集〕》에 보이는 '아마오사케〔醴〕'에서 비롯된 듯하다. '미키〔神酒〕'란 입에 넣어 씹어 침으로 발효시키는 아주 오래된 술이다. 동남아시아 여러 지역의 고산지대 민족은 아직도 쌀을 씹어 만든 술을 신에게 올리고 사람들이 마시는 풍습이 있는데 고대 오키나와도 그러했던 것 같다.

여기서 주목하고 싶은 점은, 쌀로 씹어 만든 술 이후 중국과 샴(타이)에서 증류주가 들어오면서 술 만드는 방법이 아주 새로워진 점, 쌀·조·수수·보리를 원료로 한 '아와모리〔泡盛, 오키나와 특산 소주. 좁쌀·쌀로 만들며 맑고 독함〕'가 만들어졌다. 나중에 아와모리의 주원료가 쌀로 바뀌게 된다.

히가시온나 칸쥰〔東恩納寬惇〕은 아와모리의 원류를 타이의 술 '라오론'이라 하여 많은 지지를 얻었다. 하지만 최근 아와모리와 라오론의 제법(製法)과 누룩곰팡이의 차이 등이 거론되고 있다. 특히 누룩곰팡이는 중국·타이에서 사용되는 모티코우지(떡누룩〔餅麴〕, 일본에서 사용되는 바라코우지(가루누룩〔撒麴〕)가 오키나와에 들어와 있음에도 불구하고 검은 누룩이 아와모리에 사용된 점이 문제가 되고 있다. 언제부터 아와모리에 검은 누룩을 사용했는지 알 수 없지만, 검은 누룩에 의한 아와모리 제조법은 오키나와에서 독자적으로 생겨났다. 아열대의 오키나와 풍토에서만 맛볼 수 있는 맛과 세련된 멋까지 갖추고 있다. 게

다가 이 검은 누룩을 사용한 술은 오키나와 아와모리에서만 볼
수 있다고 한다.

여기서 남, 서, 북에서 들어온 술 양조법이 오키나와적인 문
화로 길러지는 과정을 볼 수 있다.

염직물의 역사

오키나와에 대해 기록된 《수서(隨書)》〈유구국전(流求國傳)〉
(643년경)에 따르면, 모시를 짜서 옷을 만들고, 모시를 엮어 갑
옷을 만들고, 흰모시 끈을 사용한다고 되어 있다. 15세기에 기
록된 조선표류민 기록(《조선왕조실록》)에도 모시옷에 관한 기록
이 보이고, 명나라와 사츠마에 보내는 주요 조공품도 모시이다.
지금도 미야코 상포(宮古上布), 야에야마 상포(八重山上布)로
불리는 마직물(麻織物)이 있다. 오키나와에는 꽤 오래전부터 오
늘날까지 모시로 옷을 지어 입었다. 저마(苧麻)는 오키나와, 미
야코(宮古), 야에야마(八重山)를 통틀어 자생하고 있는 섬유성
식물로 옷감을 만드는 데 적합했을 것이다.

류큐 왕국의 해외 무역이 번성한 결과, 남방에서 파초(芭蕉)
가 들어와 16세기 이후 바쇼후(芭蕉布, 파초의 줄기에서 뽑은 섬
유로 짠 천. 여름 옷감을 오키나와 특산물)를 짜게 된다. 오키나
와의 뜨거운 여름 날씨에 얇고 시원한 바쇼후가 옷감으로 적합
했으며 특히 사츠마의 침공(1609년) 이후부터 성행하게 된다.

파초에 이어 중국에서 비단, 일본에서 목면이 들어오는데, 비
단은 왕과 귀족이 입는 고급스러운 직물이고 일반인은 목면을

많이 사용했다. 구메지마(久米島)에서 짠 견직물 명주는 귀한 물품으로, 구메지마 츠무기(久米島紬)로 알려져 있다. 이후 오키나와에서 일반 서민의 의생활은 여름에 파초, 겨울에 목면을 즐겨 입는 경향을 보이게 된다.

오키나와의 직물로 유명한 가스리(絣, 물감이 살짝 스친 것 같은 흐린 무늬가 있는 천)와 빈가타조메(紅型染, 오키나와에서 발달한 무늬 염색)는 모두 1600년 이전에 남방에서 전래한 듯하다. 전래 당초의 원형에 오키나와적인 색깔을 입혀 풍토에 적합한 직물로 세련된 정취를 담아내고 있다. 가스리는 오키나와에서 일본 본토로 건너가 에도 중기 이후 보급되었고, 빈가타조메는 일본의 유젠(友禪, 에도시대 비단 등에 찹쌀을 주원료로 한 풀로 인물·화조 등의 모양을 그려 염색하던 방식)에 영향을 미쳤다.

도자기의 역사

도자기도 외래의 문화와 무역 경제와 관련되면서 자라온 것 같다. 15세기경 남방에서 술그릇이 건너와 그 영향을 받으면서 아라야치(荒燒), 난반야치(南蠻燒) 등이 만들어지게 된 것이 도자기의 창시로 일컬어지고 있다. 이어서 조선에서 도공 장헌공(張獻功) 외 3명이 건너와 쇼우호왕(尙豊王) 시대(1621-1640년)에 와서 아름다운 도자기가 만들어지게 된다. 이후 중국계 무늬를 넣은 도기 수법이 들어왔고, 히라다 덴츠우(平田典通, 1641-1722. 도공)에 의해 중국계 적회(赤繪)의 영향을 받은 오키나와 아카에〔赤繪, 붉은색을 주로 사용하여 그린 도자기〕가 만들어진다. 그보다 늦게 일본에서 사츠마계〔薩摩系〕도자기를 나칸다카리치겐〔仲村渠致元〕이 들여오면서 남방·조선·중국·일본 등 문화선진국의 수준 높은 도자기가 오키나와에서 융합하여 오키나와적인 개성이 풍부한 도자기가 태어나게 된다.

융합이라 하지만, 중요한 점은 오키나와는 외래 도자기의 문화적 특성을 받아들이면서 개성 있는 풍토의 발랄함, 느긋함, 부드러움 등의 독창적인 기질을 도예의 아름다움에 가미하게 된다. 요컨대 오키나와적인 미의식으로 포장된 풍토 특유의 조형을 만들어 내게 된다.

문화 인식의 문제점

이상으로 술·염직물·도자기를 예로 들면서, 단순해서는 결코 버무려지지 않는 문화의 중첩, 복합성이라는 공통점을 발견할 수 있었다. 단계적으로 모양을 갖추면서 북에서, 남에서, 서에서 전파되어 들어온 신선한 문화를 받아들였고, 바다로 향해 열려 있는 섬의 다양한 문화가 복합되어 서로 아우러지는 모습을 이곳에서 볼 수 있다. 오키나와의 지리적 위치를 고려하면, 문화란 단순히 한쪽에서 한쪽으로만 전해지는 것이 아니다. 또 전파된 모습 그대로 단순하지도 않다. 실제로 오키나와의 문화는 북에서 남에서 서에서 전파된 모습을 다양하게 보여주는 문화 요소를 담은 '복합문화'라 할 수 있다.

오키나와 문화가 지닌 다양한 특성이 그처럼 복합문화로 받아들여질 때, 언뜻 보기에 모순되어 보이는 개별적인 차이도 슬그머니 버무려져 전체적인 모습을 즐길 수 있게 된다.

문화를 받아들이는 방법으로 스몰 트래디션(촌락 레벨)과 그레이트 트래디션(국가 레벨) 레벨로 구별지어 받아들이려는 사고방식이 있다. 언어·민족·국가가 다양하게 구성되어 있는 유럽 사회의 문화 현상을 받아들이기 위해, 민족학과 문화인류학의 연구자들에 의해 제창된 것이다. 국가와 민족의 테두리를 넘어 다양하게 융합되어 있는 오키나와 문화는 스몰 트래디션의 시점으로 받아들일 수 있고, 유효한 방법론이 만들어낼 가능성과 기대를 갖게 한다. 또 한 가지, 지금껏 오키나와 문화를 일본문화와 상대화시키는 것으로 동질성과 이질성을 찾아내려는 시점이 주목을 끌어왔지만 동아시아, 동남아시아, 나아가 태평양문화권이라는 광대한 범주 안에서 오키나와를 개방해 보는 비교문화적인 견해도 필요하지 않을까 생각해 본다. 그러한 견해를 갖고 바라볼 때, 긴 역사를 살아온 오키나와, 특히 4백 년 동안 왕조문화를 지속해 온 오키나와의 문화사가 결코 외로운 섬의 쓰디쓴 아픔만을 담고 있지 않음은 누구나 수긍할 것이다.

제1장

오키나와 역사의 발자취

나하시〔那覇市〕가나기쵸〔金城町〕의 돌 비탈길

오키나와 역사의 시대 구분

시대 구분 고찰의 추이

오키나와 역사의 시대 구분에 대해 전쟁 이전 몇몇 연구가 시도되었지만, 대부분 문헌실증사학적 방법에 의한 왕통별 역사 편년에 의존하고 있다. 그에 비해 전쟁 후 경제적 발전단계설이라는 역사 이론과 유물사관을 배우면서 오키나와사의 경제적인 발전 과정에 의한 시대 구분을 제창한 나카하라 젠츄우(仲原善忠, 1890-1964. 교육자, 역사학자)의 연구(교과서 《류큐의 역사》 1952년 및 유고집, 《류큐의 역사》, 1978년)는 과거 오키나와 역사의 시대 구분과는 분명한 차이를 보여준다.

게다가 나카하라설(仲原說)을 발전적으로 계승하면서 역사 과학으로 유물사관에 의거한 오키나와 사관을 명확히 하고, 수필(修筆)과 새로운 편년을 행한 것이 신자토 에이지(新里惠二)에 의한 시대 구분이다. 신자토(新里)는 나카하라 학설과 자기 학설의 차이를 명확히 하면서 두 학설을 비교 대조하여 시대 구분표를 만들었다.

한편 신자토는 시대 구분과 더불어 오키나와와 일본 본토의 역사 발전의 낙차 크기가 8백 년에서 1천 년이라는 점에서 착안하여 쉽사리 비교할 수 있도록 표를 만들었다. 역사 사실로 참고되므로 책에 실었다.

연대	오키나와			일본		중국	연대
100	部落時代	原始社会		原始時代	原始社会	後漢	100
200						三国	200
300						晋	300
400				大和時代	古	南北朝	400
500							500
600		고대사회로 가는 과도기	대	飛鳥時代 奈良時代	奴隷制社会	隋	600
700						唐	700
800				平安時代	代		800
900						五代	900
1000		정치적 사회의 성립	대		社会	宋	1000
1100	按司時代						1100
			1187 순천(舜天) 즉위				
1200			1260	鎌倉時代	中世	元	1200
1300	三山時代		1314	南北朝	封建制社会(前期)		1300
1400	王国時代前期 尚氏 第一	고대국가	1372 1429	室町時代 戦国時代		明	1400
1500			1470 1477	桃山 安土			1500
1600	第二尚氏	봉건사회로 기울어짐	1609	江戸時代	封建制社会(後期)		1600
1700	王国時代後期		1666 1728			清	1700
1800			1853				1800
1900	沖縄県時代 米軍占領時代	근대사회	1879 1945	明治·大正 昭和	近代 資本制	中華民国 中華人民共和国	1900
	(仲原説)	(新里説)					

신자토 에이지[新里惠二]에 의한 시대 구분(《오키나와》에서. 신자토의 연구는 1961년 '생각하는 오키나와 역사' 《오키나와 타임스》에 처음 소개되었다).

탁월하고 이론적인 두 시대 구분설을 정리하면서 전후 오키나와 역사 연구가 착실하게 발전한다. 최근 이후 연구 성과를 받아들여 더욱 새로운 시대 구분이 시도되고 있다. 특히 다카라

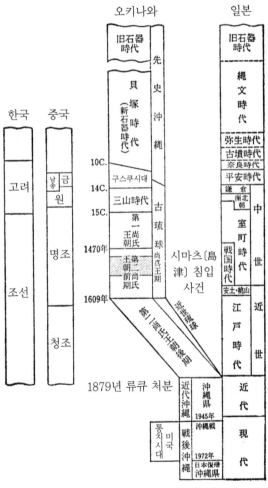

다카라 구라요시〔高良倉吉〕에 의한 시대 구분(《류큐의 시대》에 의함).

	오키나와	일본 본토
타국의 사서(史書)에 등장	7세기말-8세기초	1세기말-2세기초
정치적 지배자의 발생	11세기-12세기	기원전후 1세기
개인의 존재가 추정 가능한 지배자	12세기말	2세기 중엽
문자의 전래와 사용	13세기	5세기말
불교의 전래	13세기	6세기 중엽
철제 농구의 보급	14세기	6-7세기
국토의 통일	15세기초	6세기말
역제(曆制)의 시작	15세기	7세기초
중앙집권적 국가의 확립	15세기-16세기	7세기
문학서의 편집	16세기-17세기초	8세기
사서의 편집	17세기-18세기	8세기-10세기

오키나와와 일본 본토의 역사 비교(《오키나와〔沖繩〕》에서).

구라요시〔高良倉吉, 류큐대학 법학부 교수〕의 시대 구분이 주목받고 있다.

시대 구분이란 자체가 커다란 가설이다. 가설을 입증하는 과정에서 오키나와 역사 연구의 내용이 충실해지고 발전하게 된다. 여기서 오키나와 역사의 시대 구분에 관한 세 가지 가설을 소개하고, 오키나와 역사를 보는 거시적인 시야를 넓혀가고자 한다.

선사시대의 오키나와

구석기시대

오키나와 섬에 언제부터 인류가 거주하게 되었는지 정확하지 않지만, 고고학과 인류학 연구에 따르면, 오키나와 본도 나하〔那覇〕에서 출토한 야마시타도우진〔山下洞人〕의 인골은 3만2천 년 전, 남부 구시카미손〔具志頭村〕에서 출토한 미나토가와인〔港川人〕의 인골은 1만 8천 년 전의 것으로 확인되므로 꽤 오래 전으로 거슬러 올라갈 수 있다.

이들 인류는 호모 사피언스(신인)에 속한다고 하는데, 어디서 어떻게 오키나와로 건너왔는지 알 수 없다. 그러나 미나토가와인은 앞에서 서술했듯이 일본 본토의 죠몽인, 중국 남부의 유강인(柳江人), 중국 남부부터 인도차이나 북부 지방의 신석기시대인과 비슷하다고 한다.

유적에서 살펴보면 그들은 동굴이나 바위 그늘을 주거로 삼으며 사슴을 사냥하고 사슴 뼈와 뿔로 도구를 만들어 산과 바다의 자연물을 채집해 먹으며 생활한 것 같다. 토기는 출토되지 않으므로 토기를 몰랐던 인류로 생각되지만 불은 사용한 듯하다. 이 시대는 고고학에서 말하는 구석기시대이다. 구석기시대 이후 긴 공백기 이후 토기와 마제석기를 수반한 신석기시대가 찾아오는데, 역사학에서 패총시대라 한다. 일본 본토의 죠몽 · 야요이 시대와 대비되는 시대이다.

신석기시대

지금까지의 연구에 따르면, 남서제도의 신석기문화는 북부권(다네가〔種子〕 · 야쿠지마〔屋久島〕 제도), 중부권(아마미〔奄美〕, 오키나와제도), 남부권(미야코〔宮古〕 · 야에야마 제도〔八重山諸

島))의 분류되고 있다. 이 가운데 남부권은 일본 본토의 죠몽·
야요이 문화의 영향과 오키나와 선사문화의 파급은 인정되지
않지만, 가나세키 다케오〔金關丈夫〕, 구니와케 나오이치〔國分
直一〕는 출토하는 석기 등에서 오히려 남방적 요소가 강한 문화
라 한다.

중부권은 대략 6천 년 전에 죠몽문화(큐슈의 소바타식〔曾畑
式〕문화)의 영향을 강하게 받으며 형성되었으나 차츰 오키나와
적으로 토착화된 독자적인 방향을 걸어왔다. 이 시대 사람들은
구석기시대와 마찬가지로 산에서 사슴과 멧돼지 사냥, 바다에
서 조개, 해조류 등을 잡아먹는 자연 채집 생활을 했지만 토기
와 마제석기를 사용하고 있다.

오키나와 본도 주변에는 전쟁 이전에 죠몽 토기만 출토되었
을 뿐 야요이 토기는 전혀 출토되지 않아, 오키나와의 선사시대
는 오랫동안 수수께끼에 싸여 있었다. 그러나 1952년 오키나와
본도 북부 이에지마〔伊江島〕의 구시바루〔具志原〕 패총에서 야

요이 중기의 토기가 출토된 것을
시작으로, 맞은편 연안에 해당하
는 모토부〔本部〕 반도의 튀어나
온 부분인 비세〔備瀨〕, 중부 구시
카와시〔具志川市〕의 아카쟌가,
남부 이토만시〔絲滿市〕 마에자토
〔眞榮里〕 등, 30여 곳의 유적에서
야요이시대 전·중·후기의 토기
가 출토되었다. 이로써 오키나와

우라소에〔浦添〕 패총에서
출토된 이치키식〔市來式〕 토
기(오키나와 현립박물관 소장).

큐슈		잠정편년	토기 형식	오키나와제도 발견 큐슈계 토기	기타 연대자료	현행편년
조모시대(繩文時代)	조기	전기 I	야부치식 토기 히가시하라식[東原式] 토기	조형문[爪形文] 토기	야부치식 6670±140Y.B.P 히가시하라식 6450±140Y.B.P	조기
	전기	II	마루노가와[室川] 하층식 토기 소바타식[曾畑式] 토기 조흔문[條痕文] 토기 진노[神野] A식 토기 진노[神野] B식 토기	소바타식 토기 조흔문 토기	소바타식 [渡具知東原] 4880±130Y.B.P	조기
	중기	III	면승전정(面繩前庭) 양식 1. 구시가와식[具志川式] 2. 진노[神野] C식 3. 면승전정식			
	후기	IV	진노[神野] D식 토기 진노[神野] E식 토기 이하식[伊波式] 토기 오기도우식[荻堂式] 토기 다이센식[大山式] 토기 마루노가와식[室川式] 토기	이즈미계[出水系] 토기 이치키식[市來式] 토기	이하식[熱田原] 3370±80Y.B.P 이하식[室川] 3600±90Y.B.P	전기
	만기	V	마루노가와[室川] 상층식 토기 우사하마식[宇佐浜式] 토기		우사하마식은 마루노가와식 병행으로 보인다.	중기
야요이시대(彌生時代)	전기	후기 I	진영리식[眞榮里式] 토기	이타즈케[板付] II식 거북 껍질 유사 토기		
	중기	II	구시바루식[具志原式] 토기	야마노구치식토기		
	후기	III	아카잔가식 토기	멘다식[免田式] 토기	아카잔가식은 나카츠노식[中津野式] 병행으로 보임	후기
고분시대(古墳時代) – 헤이안시대(平安時代)		IV	펜사 하층식 토기		스에키류[須惠器類]	

주) '펜사 하층식은 구스쿠[城] 시대 초기'라는 견해도 있다.
　　오키나와 여러 섬의 잠정편년(高宮廣衛, 〈오키나와 편년의 후기 유적에 대하여 — 야요이문화와의 관련〉에 의함)

도 구석기시대에 이어 죠몽 시대 → 야요이 시대 → 구스쿠시대의 편년이 가능해졌다. 다만 구석기시대에 이어 신석기시대 속에 일본 고고학에서 말하는 죠몽 · 야요이시대, 오키나와 고고학이 말하는 패총시대가 포함되어 있다.

패총시대란 일본 본토의 죠몽시대와 야요이시대를 합한 기나긴 시대와 대응한다. 패총시대에 이어 구스쿠[城]시대란 선사시대의 종언기(終焉期)를 알리며 역사시대로 들어가는 여명기이기도 하다. 이 무렵 이미 벼농사 농경, 철기 사용을 비롯하여 스에키[須惠器, 일본 토기의 하나. 회색 · 회갈색으로 단단하며 모양이 정연하고 치밀한 것이 특징. 가야 토기의 직접적인 영향을 받음] 등도 외부에서 들어온 시대로, 역사를 만들어갈 준비가 순조롭게 이루어진 시대라 할 수 있다.

오키나와 본도 주변에 대해 일본 본토와의 관계와 오키나와 독자성에 입각하여 다음과 같은 편년(編年)도 제안되게 되었다.

유적에서 출토되는 토기가 풍부해짐에 따라, 오키나와 본도와 주변에 따로 떨어져 있는 섬에 분포해 있는 이 토기는 큐슈에서 전래된 것으로, 소바타식[曾畑式] · 이즈미식[出水式] · 이치키식[市來式, 죠몽], 이타즈케 II식[板付II式] · 야마노구치식[山口式, 야요이] · 멘다식[免田式] 등과 관련되어 있음이 다카미야 히로에이[高宮廣衛], 모리 코우이치[森浩一] 등에 의해 실증되고 있다.

이 시대에서 주목하고 싶은 점은, 일본에도 보이지 않는 명도전(明刀錢, 기원전 2-3세기)이 오키나와에서 출토되고 있다. 1923년 나하시 교외 구스쿠다케[城岳, 현재 나하 고등학교 맞은

편)에서 발굴된 명도전은, 중국의 전국시대(기원전 403-221년)에 연(燕)나라에서 유통했던 동전으로 칼 모양을 하고 있다.

에가미 나미오〔江上波夫, 1906-2002. 고고학자〕는 중국 대륙 남부의 민족인 월인(越人)과 왜인(倭人)이 발해만(渤海灣)의 북방 연안을 차지하고 있던 연나라에 조공할 때, 오키나와를 이용했던 것이 아닌가 하고 추론(推論)하고 있다. 단 한 개 출토된 명도전의 수수께끼 풀이는 화난〔華南〕에서 동지나해, 황해, 발해를 걸쳐 하북(河北)으로 가는 '해상의 길'을 떠오르게 한다. 한편 이 루트가 열려 있었다면, 북큐슈 일대(왜인의 근거지)에서 출토된 조개로 만든 팔찌의 비밀도 풀리게 된다. 조개 팔찌는 남해에서 채취한 투박조개로 만든 것으로, 선사시대 남방문화와의 관련을 암시하는 것으로 주목되고 있다.

최근 들어 모리 코우이치는 일본문화의 원류를 더듬을 수 있는 네 개의 루트를 상정하고 있다. 특히 명도전은 중국에서 직접 오키나와로 들어왔다기보다, 한반도에서 큐슈의 서해안을 남하하여 오키나와로 들어온 것으로 추정하고 있다.

구스쿠(グスク)시대

패총시대를 잇는 시대를 오키나와 역사에서 구스쿠시대라 부르고 있다. 구스쿠로 불리는 성역(聖域)과 작게 에워싼 거성(居城)을 중심으로 사람들이 모여 생활했기 때문이다. 이 시대 초기는 원시 사회로 12세기경까지 이어진다. 구릉 위에 주거가 있는 점, 탄화한 쌀과 보리가 출토되는 점, 철기가 사용된 점, 스

고(古)류큐의 뱃길

① 슈리(首里)·슈리성(首里城)
② 니시하라마기리(西原間切)
③ 하에바루마기리(南風原間切)
④ 마하시마기리(眞和志間切)
⑤ 도마구스쿠마기리(豊見城間切)
⑥ 고친다마기리(東風平間切)
⑦ 시마조에오오자토마기리(島添大里間切)
⑧ 사시카마기리(佐敷間切)
⑨ 치넨마기리(志念間切)
⑩ 다마구스쿠마기리(玉城間切)
⑪ 구시가미마기리(具志上間切)
⑫ 마분니마기리(摩文仁間切)
⑬ 기안마기리(喜屋武間切)
⑭ 시마지리마가하마가기리(島尻眞加比間切)
⑮ 시마지리오오자토마기리(島尻大里間切)
⑯ 시마지리가네구스쿠마기리(島尻兼城間切)

고(古)류큐의 뱃길과 주요 구스쿠 '오키나와 만' (다카라 쿠라요시〔高良倉吉〕《류큐의 시대》에서).

에키와 도자기가 출토되고 있는 점 등이 패총시대에 비해 현저하게 생활의 변화가 보인다.

이것은 오키나와의 섬들이 자연 채집의 원시 사회에서 드디어 곡류를 재배하는 농경 사회로 이행했음을 보여준다. 이 시대의 유적은 그림과 같이 중남부에 특히 빽빽하게 분포되어 있다.

《수서(隨書)》의 〈류구전(流求傳)〉

패총시대에서 구스쿠시대로 이행해 가는 7세기경, 중국의 사서 《수서》(636년)에 〈류구국(流求國)〉에 관한 기사가 기록되어 있다. 그 '류구(流求)'가 오키나와인지 대만인지는 태평양전쟁 이전부터 논쟁이 이어지고 있으나 아직 결론이 나지 않았다.

《수서》에 다음과 같은 기술이 보인다.

● 류구국(流求國)은 바다의 섬 가운데 자리하고 있으며, 복건성(福建省)의 동쪽으로 물길 5일이면 닿는다.

● 투루수(鬪鏤樹)가 많은데 굴나무와 흡사하나 잎사귀가 조밀하고 가지는 머리털처럼 가는 것이 아래로 늘어뜨려져 있다.

● 투루의 껍질을 자른 것에 잡다한 색의 모시와 잡털을 섞어 옷을 만든다.

● 쇠사슬을 얽어 맨 것으로 팔가락지를 하며 구슬을 꿰어 목에 단다.

● 풍속에 문자가 없으며 달이 차고 기우는 것을 보고 때의 절기를 기록한다.

● 부인들은 먹으로 손에 문신을 하는데 벌레나 뱀의 무늬를

심는다.

● 산모가 젖을 낼 때는 반드시 아이의 옷을 먹으며, 출산 후에는 불로 스스로 뜸질하여 땀이 나게 한다.

● 쌀과 밀로 술을 빚는데 그 맛이 매우 싱겁다.

● 쇠〔鐵〕가 적다.

모두 합해 스물 몇 가지 항목에 이르는 기록은 오키나와의 자연과 풍속에 가까운 것도 있지만, 오키나와보다 대만에 가깝다고 생각되는 내용도 있어서 단정할 수 없다. 자세한 내용은 생략했지만, 나는 오키나와와 대만의 자연, 풍습이 섞여서 기록된 것이 아닌가 생각한다. 어찌 되었거나 《수서》의 기록은 당시 오키나와, 대만 주변의 자연과 풍습을 묘사한 것이므로 《수서》의 기술 방법 및 내용도 학문적으로 검토해야 한다.

류큐〔琉球〕와 오키나와〔沖繩〕

《수서》에 기록된 '류구(流求)'의 문자를 시작으로 이후 중국의 사서 《신당서(新唐書)》《송사(宋史)》《원사(元史)》 등에서 류규(流虯), 류귀(流鬼), 류구(留求), 류구(留球), 류구(留仇) 등의 문자가 사용되고 있는데, 명나라 태조 때(1371년)에 '류구(流求)' 문자로 개정된 이후 일본과 조선도 그렇게 부르게 되었다.

또한 《수서》에 '이사구(夷邪久)'와 '류구(流求)'가 같다고 기록되어 있는데, 그 때문에 '이사구(夷邪久)' 혹은 '사구(邪久)'와 '류구(流求)'는 동일한 것을 가리킨다. 요컨대 이야쿠가 류큐가 되었다는 학설이 생겨 많이 유포되었는데, 이것은 어두(語

頭)에 r음은 쓰지 않는 오키나와 고어의 원칙에 맞지 않는 점과 '이사구(夷邪久)'가 지금 오키나와라는 확증을 얻을 수 없는 이유로 문제가 남아 있다.

덧붙여서 r음을 어두에 쓰지 않는 것은 오키나와 고어(古語)뿐만 아니라 일본 고어, 한국의 고어 등에도 보이는 알타이계 언어의 특징이다. 오키나와어가 일본어와 같은 계통임을 학문적으로 증명하는 하나의 방증으로 r음을 어두에 쓰지 않는 것도 거론되고 있으며, 류큐라는 말이 오키나와 고유의 말이 아님을 그 점에서 엿볼 수 있다. 또한 오키나와의 섬들에 전해오는 민간 전승의 신가(神歌)와 왕부(王府)의 고문헌《오모로소우시》에도 류큐라는 말은 보이지 않는 점도 덧붙이고 싶다.

'이사구(夷邪久)'란 명칭은《일본서기》스이코〔推古〕24년 (616년)조에 나오는 '액구(掖玖)' '야구(夜句)'와 같은 남도 사람들을, 야마토〔大和〕에서 야쿠〔掖久〕, 다네〔多禰〕, 아마미〔阿麻彌〕, 도칸〔度感〕, 시가키〔信覺〕, 구미〔球美〕인으로 기록하고 있다. 모두 야쿠지마〔屋久島〕, 다네가지마〔種子島〕, 아마미〔奄美〕, 도쿠노지마〔德之島〕, 이시가키〔石垣〕, 구메지마〔久米島〕 등과 비교되는데, 이상하게 '오키나와〔沖繩〕'라는 명칭은 나오지 않는다.

류큐에 대한 오키나와란 말은《당대화상동정전(唐大和上東征傳)》(779년)의 '아코나와지마〔阿兒奈波島〕'가 최초이다. 그후 중국의 사록(使錄)에 쓰여진 '우치나〔倭急拿〕' '우치나〔屋其惹〕'를 비롯하여 '오키나와〔惡鬼納〕' '우키나와〔浮繩〕' 등의 문자가 보인다. '오키나와'라 표기한 나가토본〔長門本〕《헤이

게모노가타리[平家物語]》가 있는데, 그에 따라 아라이 하쿠세키[新井白石, 1657~1725. 에도 중기의 주자학자, 정치가]의 《남도지(南島志)》가 처음 '오키나와[沖繩]' 문자를 사용한 것으로 알려져 있다. 오키나와의 문헌으로 '오키나와'는 〈야라자모리 비석[やらざ森碑]〉(1554년)에 모습이 보인다.

《오모로소우시》에는 '오키나와' '오키니야'라 표기되어 있다. '오키(크다, 혹은 난바다)' '나와(어장 혹은 장소)' 등의 말을 고유어로 찾을 수 있으므로, '오키나하' 혹은 '오키나와'는 여기서 태어난 지명으로 생각해도 지장이 없을 것이다. '沖繩'라는 한자는 오키나와라는 말에 해당하며, 의미적인 연관은 없다. 오히려 그 어원에 대해 나는 '오키'는 크다, '나와'는 나, 와 모두 지리 공간을 나타내는 말, 요컨대 큰 곳을 뜻한다고 생각한다.

아마(바다 사람)가 제일 근본이 되는 모습인 오키나와 조상신 아마미쿄족이 섬에 도래한 모습과 겹쳐, 나하[那覇]와 오키나와[沖繩]의 어원이 되었다고 해석하고 싶다.

오키나하 혹은 오키나와가 고유어인 데 비해 류큐는 중국 등 외국에서 부르는 호칭이라 생각하지만, 그것은 신가(神歌)에 보이는 민간 전승, 오키나와 고어(古語) 그리고 조상신의 근본 형상과 합쳐서 얻어낸 결론이다.

역사의 날이 밝아오다

정치적 지배자의 출현

남도(南島)의 섬들은 7세기부터 8세기에 걸쳐 《수서》와 《일본서기》 《속일본기》 등에 등장하므로 역사의 태동을 느낄 수 있었으나 이후 소식이 끊겨 버린다. 오키나와 내부에도 아무 기록이 남아 있지 않으므로 역사적 편년을 만들 경우, 오키나와의 역사는 거의 공백으로 이어진다. 다시 오키나와의 역사가 등장하는 시기는 12세기 무렵부터이다.

그 무렵 등장하는 족장적 성격을 지닌 공동체의 수장으로 오키나와 역사에서 아지[按司]로 불리는 사람들이다.

혈연 사회에서 지연 사회로 이행하고 농경 사회의 기반이 확대되어 생산력이 높아짐에 따라 토지를 둘러싼 분쟁도 많아진다. 마을의 주인인 니츄[根人]와 종교적 사제자인 니간[根神]으로 불리는 유력자가 공동체의 평화와 질서를 지키기 위한 역할과 임무를 갖게 된다. 니츄[根人]는 역사적인 발전에 따라 족장적 지배자로 성장하면서 정치적인 지배자로 힘을 키워 간다. 총괄적으로 그들은 아지로 인식되고 있지만, 토착 니츄에서 역사적으로 성장한 자와 외래의 실력자가 들어와 섞이게 된다. '오오야[大親]' '요노누시[世主, 세상의 주인]'과 '데다[太陽]' '왕'이란 말은 이러한 실력자를 찬미하기 위한 존칭이다.

그와 같은 아지들이 활약한 시대가 10세기부터 13세기까지로 앞에서 서술한 구스쿠시대에 해당한다. 아지들은 구스쿠로 불리는 성역으로 둘러싼 성을 축조하여 토지를 지키고 확대하기 위해 격렬한 싸움을 하게 된다. 이러한 세력 다툼 속에서 '아지 중의 아지' 혹은 '요노누시'로 불리는 정치적 권력자가 출현하게 된다.

사서(史書)가 전하는 왕통(王統)

그 무렵의 역사 실태는 정확하지 않지만, 오키나와의 사서(《츄우잔센칸〔中山世鑑〕》(1650년)《츄우잔세이후〔中山世譜〕》(1701년)《큐우요우〔球陽〕》(1745년))에 따르면, 오키나와의 역사는 천손씨(天孫氏)로 시작하여 천손씨 왕통의 치세는 25대로 이어졌다고 기록되어 있다. 하지만 25대로 이어졌다는 역사의 내용은 완전히 안개에 가려 있을 뿐 사서에 기록하기 위해 가식적으로 기술한 것임에 틀림이 없다.

사서는 천손씨 왕통에 이어 그후의 왕통을 순텐〔舜天〕 왕통 3대 70여 년, 에이소〔英祖〕 왕통 5대 90여 년, 삿토〔察度〕 왕통 2대 50여 년으로 기록, 2백여 년의 역사를 뒤로하고 제1(第一) 쇼우씨〔尚氏〕에 의한 섬의 통일로 이어진다. 그들은 왕권이 확립되면서 역사를 정리하기 위해 만들어졌을 가능성이 높다. 그러나 에이소〔英祖〕와 삿토〔察度〕가 역사적으로 실재했음은 《오모로소우시》 등의 기록과 대대로 전해져 내려오는 말에 비추어 보면 거의 틀림이 없다. 다만 순텐〔舜天〕이 전설적 영웅 미나모토노 다메토모〔源爲朝〕의 아들이란 전설은 어떻게 된 것일까.

가령 순텐의 딴 이름인 손돈[尊敦]으로 불리는 아지의 실재는 있었다 해도, 다메토모[爲朝]와의 관련을 적극적으로 논증하기에는 여전히 문제가 남아 있다.

어찌 되었건 12세기부터 14세기에 걸친 오키나와의 역사는 손돈·에이소·삿토를 주축으로 수많은 아지들이 우라소에[浦添] 주변에 모여 중원(中原)에서 사슴을 잡았던 시대이다. 오키나와 역사 안에서 새로운 시대를 열게 될 용맹스러운 영웅들의 외침이 들려오는 역사의 여명기라 할 수 있다.

산잔(三山)의 정립

잦은 분쟁을 반복하면서 14세기초 오키나와 본도의 중부, 남부, 북부에 세 명의 실력자가 두각을 나타내는데, 후세에 산잔시대[三山時代: 츄우잔[中山], 난잔[南山], 호쿠잔[北山], 잔난[山南], 잔호쿠[山北]라 한다)로 불리게 된다.

오키나와 정사

산잔[三山]의 세력도

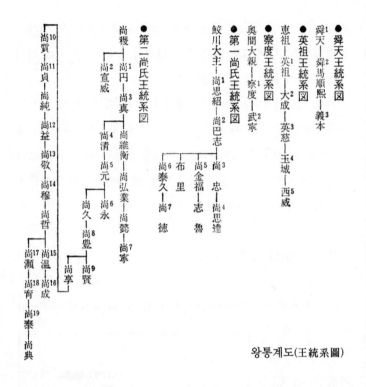

왕통계도(王統系圖)

　(正史)는 그 무렵을 에이소 왕통〔英祖王統〕의 4대째 왕이 주색에 빠져 국가가 크게 혼란해져 세 개로 분리되었다고 서술하고 있다. 하지만 통일되어 있던 왕조가 혼란에 빠져 셋으로 분리된 것이 아니라, 많은 세력이 하나로 통일되기 이전 역사적 전단계(前段階)로 산잔시대를 받아들이는 쪽이 진실에 가깝다. 산잔〔三山〕의 세력자들은 14세기 후반 잇따라 명나라에 조공(츄우잔 42회, 잔난 24회, 잔호쿠 11회)을 바치며 경제력을 축적하면서 세력 다툼을 일삼고 있었다.

　산잔으로 불리는 그들 호쿠잔〔北山〕, 츄우잔〔中山〕, 난잔〔南

山]의 세 세력은 내부에서부터 세력이 나뉘게 된다. 호쿠잔[北山]이 ① 나키진[今歸仁] 주변, ② 하네지[羽地]·나고[名護], 구니가미[國頭] 주변, ③ 킨[金武] 주변, ④ 이헤야[伊平屋]·이제나[伊是名]·이에[伊江]·요론[与論]·오키노에라부[沖永良部]의 각 이도(離島)의 네 세력으로. 츄우잔[中山]이 ① 우라소에[浦添]·슈리[首里]·나하[那覇] 주변, ② 기타탄[北谷]·요미탄[讀谷]·고에쿠[越來]·나카구스쿠[中城] 주변, ③ 가츠렌[勝連]·구시가와[具志川] 주변의 세 세력으로. 난잔[南山]이 ① 사시키[佐敷]·치넨[知念]·다마구스쿠[玉城]·구시카미[具志頭] 주변, ② 오오자토[大里]·기얀[喜屋武]·마부니[摩文仁] 주변의 두 세력으로 나뉘면서 경제 공동체라는 연대감을 갖고, 정치적으로 협력하게 된다. 토호(土豪)들의 연대로 이루어진 일종의 부족연합이다.

정치적·경제적으로 자립하여 연대하면서 차근차근 세력을 확대해 온 지배자들도 15세기 들어 대두한 사시키[佐敷]의 호족 쇼우시쇼우[尚思紹], 쇼우하시[尚巴志] 부자에 의해 먼저 츄우잔[中山], 뒤를 이어 호쿠잔[北山], 그리고 난잔[南山]이 쇠망하고 1429년 마침내 통일왕조가 탄생한다.

오키나와 역사가 내부에서 격동을 반복하던 무렵, 13세기부터 15세기는 앞서 서술했듯이 동아시아, 동남아시아의 역사도 격렬하게 요동을 치던 동란의 시대였다. 그런 의미에서 오키나와의 역사도 아시아 전역의 역사적 움직임에 촉발되어 태동한 것으로 보아야 한다.

오모로소우시에 보이는 영웅들

족장에서 지배자로

아지〔按司〕의 등장부터 이 무렵까지는 문헌 자료가 빈약하지만, 《오모로소우시》가 약간의 단서를 제공해 준다. 오키나와 역사에서 아지의 출현은 일본 역사에서 무사의 발흥과 대략 때를 같이하지만, 아지의 역사적 성격은 중세 무사에 비교하기보다 고대의 토착 호족에 비유해야 할 것이다. 일본사에서 선명하지 않은 족장들의 역사적 활동이 오키나와사에서 아지의 대두와 발전, 그리고 세력 다툼의 형태를 보이는 점에서 고대사 연구에 일조(一助)하고 있다고 생각한다.

예를 들어 오모로의 기록에 '아사' (혹은 '아사이')라는 말이 있다. '아사' 는 아버지〔親〕의 동의어로 사용되는 동시에, 마을의 장로(長老), 일반적으로 존경하는 남자의 호칭으로 사용된다. 그리고 족장적 성격에서 탈피하여 더욱 커다란 부족집단의 지배자를 의미하는 것으로 사용되고 있다. 이 말이 일본 고어에서 아직 충분히 해석되지 않는 아세(《일본서기》와 《고사기》에서 형(兄)을 뜻하는 아세(阿勢)·아세(阿世)·아세〔阿西〕), 아소(《일본서기》와 《고사기》 《만엽집》의 남성에 대한 친근한 호칭 阿曾)·아시(《豊後風土記》의 남계(男系)의 조상을 뜻하는 阿自)로 연결됨은 충분히 생각할 수 있다. 이처럼 sa · se · so · si 소리를 지닌 남계〔男系〕 조상을 뜻하는 말은 말로써 기능하면서 일본어

권	표제	내용(지역)
2	슈리왕부〔首里王府〕의 오모로소우시(나카구스쿠〔中城〕, 고에쿠〔越來〕의 오모로)	나카구스쿠〔中城〕·고에쿠〔越來〕
15	우라오소이, 기타탄, 욘다무자 오모로의 오모로 소우시	우라소에〔浦添〕·기타탄〔北谷〕·요미탄산〔讀谷山〕·기노완〔宜野灣〕
16	가츠렌〔勝連〕, 구시가와〔具志川〕 오모로의 오모로소우시	가츠렌〔勝連〕·구시가와〔具志川〕·요나구스쿠〔与那城〕
17	온나〔恩納〕보다 위쪽 오모로 오모로소우시	구니가미〔國頭〕 지방 및 부근 섬
18	시마나카 오모로 오모로소우시	시마지리다마구스쿠〔島尻玉城〕 부근
19	지에넨, 사시키, 하나구스쿠오모로 오모로소우시	치넨〔知念〕·사사키〔佐敷〕·구시카미〔具志頭〕
20	고메스오모로의 오모로소우시	고메스〔米須〕 및 부근
21	구메노 후타마기리〔二間切〕 오모모 오모로소우시	구메지마〔久米島〕

지방 오모로의 지역적·내용적 분류

에서 말뜻을 해석할 수조차 없을 정도로 아득히 먼 역사 저편에 가려져 있는 말이다. 그 말 가운데 하나인 '아사'가 오모로어 속에 살아남아 남성의 존칭으로 사용된 것에 대해 언어학적으로나 역사학적으로 주목하고 싶다.

여기서 《오모로소우시》로 되돌아가, 마을 족장의 우두머리에서 이를테면 한 지방의 정치적인 영주로 성장한 영웅들을 살펴보자. 《오모로소우시》는 지방 오모로로 불리는 권이 몇 권 있다. 권별(卷別)로 지역적·내용적인 분류를 행하려는 의도가 분명하다. 그것을 별표(別表)로 나타냈는데, 이러한 지방은 당시 유력자들이 할거한 곳이며, 《오모로소우시》의 권별은 그것을 그대로 반영한 것으로 생각해도 지장이 없을 것이다. 특히 '오오야[大親]' '데다(태양)' '요노누시[世主]' '아지' 등으로 존칭된 자들의 모습을 살펴보고자 한다.

오오야[大親]

'오오야[大親]'란, 본래 마을 공동체 개척자의 집을 말하며 그 주인으로 생각된다. 오모로 시대에 각 마을의 장로, 대표자를 '오오야'라 불렀다고 생각된다. 지명을 내세워 '어디의 오오야'로 불리는 사람들은 본도 중부 우라소에[浦添]의 구스쿠마[城間], 마타요시[又吉], 오오야후소[親屋富祖], 남부의 요나미네[与那嶺], 나와시로[苗代], 아와곤[阿波根], 구메지마[久米島] 등이 있고, 이전부터 이 지방에 유력자가 대두했던 것 같다.

단 본도 남부와 구메지마의 오오야는 오모로 속에 '아지가 붙은 오오야'로 등장하고, 혈연마을의 수장이 더욱 강력한 지배자로 성장하여 일족의 장로(長老)가 된 것으로 주목된다.

데다

'데다'의 본뜻은 태양이지만, 나중에 지배자, 권력자인 아지와 왕 등을 찬미하고 경칭하는 언어가 되었다. 국왕은 '슈리오와루데다꼬(슈리에 계신 데다꼬)'로 불린다. 본도 중부 나카구스쿠[中城]의 아지가키[新垣], 고에쿠[越來], 기노완[宜野灣] 등에 '데타'로 불리던 인물이 보이며, 나중에 나카구스쿠에 근거지를 둔 유력자의 존재가 부각된다. 우라소에〔浦添〕지방에 이소〔伊祖〕, 다쿠시〔澤岻〕, 다나바루〔棚原〕 '데다'가 있다. 이소는 에이소왕〔英祖王〕의 출신지라 주

자키미구스쿠지〔座喜味城址〕

목할 만한 곳이다. 가츠렌반도〔勝連半島〕에는 '가츠렌의 데다,' 중부에는 '기타탄〔北谷〕의 데다,' 북부에는 '온나〔恩納〕의 데다' '나키진〔今歸仁〕의 데다'가 있으므로 유력한 인물이 있었던 모양이다. 또한 오키나와 남부에서 유력한 지배자들이 거센 기세로 출현했던 모습을 보여준다. 지명으로 야마구스쿠〔山城〕, 이토카즈〔絲數〕, 하나구스쿠〔玻名城〕, 오오자토〔大里〕의 '데다' 등이 있다. 이외 구메지마에도 '데다'로 불리는 인물이 존재했다.

세상의 주인(요노누시)

'요노누시'란 말은 지방 영주를 말하며 통일국가가 형성된 이후 국왕도 '요노누시'로 칭해졌다. 오모로에는 지방의 유력자가 '요노누시'로 불리고 있다. 고에쿠〔越來〕, 기타탄〔北谷〕, 우에즈〔上江洲〕, 킨〔金武〕 등에 '요노누시'가 보인다. 남부에는 고메스〔米須〕, 마카베〔眞壁〕, 이시와라〔石原〕, 호에모〔保榮

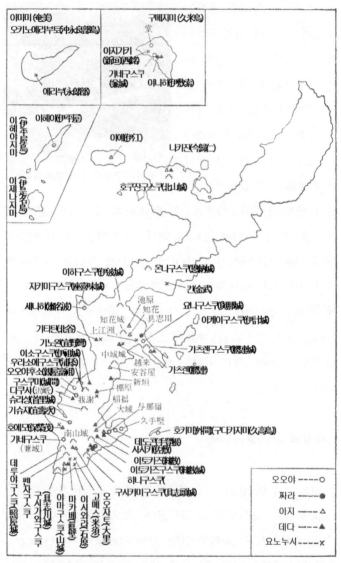

《오모로소우시》에 보이는 '오오야' '짜라' '아지' '데다' '요노누시'의 분포도.

茂〕, 하나구스쿠〔玻名城〕, 야비쿠〔屋比久〕의 '요노누시'가 보인다. '데다'와 '요노누시'는 지방의 영주급 인물을 가리키는 말로 각지에서 사용되고 있다. 모두 정치 사회가 구성되고 그 인물을 찬미하는 말로 사용된 점이 공통된다.

아지

요노누시에 비해 '아지〔按司〕' 혹은 '안지'는 남자 장로(長老)를 뜻하는 '아사' '아사이'란 말과 관련이 깊다. 다만 정치적 지배자로 성장한 '아지'는 장로적인 아사 계통과 부장적인 아지 계통의 두 흐름을 보이는데 그에 대해 향후 연구가 요망된다. 여하튼 '아지'의 내실은 혈연집단과 공동체의 장로에서 족장적 지배자, 나아가 정치적 지배자를 의미하는 말로 성장했으며, 영주를 뜻하는 토착어라 할 수 있다. '아지'의 상대어로 '짜라'(다라〔太郞〕의 사투리)가 있으며 비슷한 인물을 가리킨다.

어찌 되었건 나카구스쿠 지방, 우라소에 지방, 가츠렌 지방, 나키진을 중심으로 하는 북부, 그리고 남부 각지, 구메지마 등에 오오야, 요노누시, 데다로 불리는 유력자들이 군웅 할거하던 모습은 《오모로소우시》에서 엿볼 수 있다. 그 시대는 추측할 수밖에 없지만, 13세기 등장하는 에이소왕〔英祖王〕 전후 무렵일 것이다. 문학적 의미에서 오키나와에 영웅시대가 있다면 오모로에서 노래하는 이 시대가 적합할 것이다.

이소 전쟁의 승리자

에이소[英祖]는《츄우잔센칸[中山世鑑]》(1650년) 이하의 사서에 등장한다. 그에 따르면 1229-99년의 인물이다. 오키나와 본도 중부, 후세에 우라소에마기리에조손[浦添間切惠祖村]에 거주한 호족으로 역사적으로 확인되는 최초의 인물이다. 《오모로소우시》에는 '에조노이쿠사모이'로 나와 있는데, 원주(原注)에 '에조[惠祖] 데다의 어렸을 적 이름이다'로 나와 있고, 에이소왕의 젊은 시절 존칭이다. '이쿠사모이'는 전쟁에서 승리한 자란 뜻으로, 이름 자체에서 군웅이 할거하며 세력을 다투던 전란시대로 추정된다. 오모로소우시에 다음과 같이 노래하고 있다.

에소노이쿠사모이　　　에소 전쟁의 승리자는 훌륭한 분
즈키노카즈 아스비다치　밤마다 놀러 나오셔서
도모모토와카데다하야세　승리한 아지 언제까지고 영화를 누
　　　　　　　　　　리소서
이지키이쿠사메이　　　혈기왕성한 전쟁의 승리자는 훌륭
　　　　　　　　　　한 분
나츠와시케치모루　　　여름에 넘쳐나는 신주(神酒)
후유와고사케모루　　　겨울에 넘쳐나는 어주(御酒)

　　　　　　　　　　　(《오모로소우시》 12권 671)

승리한 아지, 기력이 넘쳐나는 아지, 에이소〔英祖〕를 찬미하는 오모로이다. 에이소는 전투의 용장이므로 '전쟁의 승리자'라는 존칭으로 불렸으며, 한편으로 농민을 아끼고 사랑하여 쇠로 만든 농기구를 주어 농업 진흥에 힘을 쏟았다. 민중들에게 무력과 지력을 갖추고 백성을 지켜주는 아지의 존재는 고맙기 그지없는 인물이다. 여름이나 겨울이나 술이 넘쳐나고 밤마다 놀 수 있어 오래도록 언제까지고 에이소님이시여 영화를 누리소서, 영화를 누리소서라는 군중의 마음을 오모로에 담아 노래했을 것이다. 오모로에서 술은 부의 상징으로 노래하고 있다.

이 오모로 시대를 추정하기란 상당히 어렵지만 에이소 시대의 사람이거나, 혹은 그리 멀지 않는 시대의 사람들이 에이소를 사모하며 찬미한 오모로로 생각된다.

에이소는 오모로뿐만 아니라 사서 《츄우잔세이후〔中山世譜〕》(1701년)와 《큐우요우〔球陽〕》(1745년)에도 '태양이 어머니 품으로 들어가 에이소가 태어났다'는 식으로 기록되어 있다. 칭기즈 칸과 도요토미 히데요시 탄생에도 보이는 태양의 전설을 안고 태어난 인물이다. 그의 사후에 '에소노 데다꼬'라는 신(神)의 호칭을 붙인 것에도 이런 이유 때문일 것이다.

순텐〔舜天〕·에이소 왕통시대는 일본의 가마쿠라시대, 중국의 송·원나라 시대에 해당한다. 이 무렵 오키나와는 일본과의 교역을 중심으로 바깥 세계와의 관계를 유지하고 있었다. 마침 일본은 귀족 불교에서 민중 불교로 바뀌는 변동의 시기였다. 불승(佛僧) 센칸〔禪鑑〕은 불교와 문자 등 새로운 문화를 오키나와에 전했고, 극락사(極樂寺)와 **요우도레**를 건립했다. 에이소의

우라소에(浦添) 요우도레

근거지였던 우라소에 [浦添] 성터에서 일본 도(日本刀)와 칼자루 등이 발굴되어 당시의 경제, 문화 교류의 흔적을 엿볼 수 있다. 또한 우라소에 성터에서 고려기와 [高麗瓦] 가 발굴되어 한반도와 교류도 있었음이 분명하다.

에이소시대는 구메지마, 게라마 [慶良間] · 이헤야 [伊平屋] 에서 조공을 바쳤고, 1266년 아마미오지마 [奄美大島] 도 조공을 올렸다. 또 원나라의 침공을 받는(1296년) 등 역사의 격동기였다. 하지만 에이소는 오키나와의 바깥 세상을 두루 살피면서, 안으로 섬 내부의 농업 진흥과 정치에 정열을 쏟았다. 농민에게 쇠로 만든 농기구를 주어 신뢰를 얻고, 그에 입각하여 공조(貢租) 체계를 확립하는 등 정치 지배의 체제를 착실하게 굳히고 강화시켜갔다. 에이소는 무용(武勇)과 지력(知力)이 뛰어난 영웅이었다.

지바나안지 [知花按司]

같은 시기 활약한 아지 [按司] 를 노래한 오모로에 다음과 같은 구절이 있다.

지바나오와루   지바나에 오셨습니다

메마요키요라안지노   눈빛 맑고 아름다운 아지가

지바나오와루   지바나에 오셨습니다

지구키키요라안지노   입매 아름다운 아지가

미마치마키   미마치마키를

데지요쿠마키 시요와치에   바싹 죄어 매시고

시라카케미시오   흰옷을

가사베미시오 시요와치에   겹쳐 입으시고

도이키키오비   도이의 띠를

마야시 히키시메테   돌려 메시고

오오카타나요   큰 칼을

가케사시 시요와치에   비켜 차시고

고시카타나요   허리에 차는 짧은 칼을

시카사사시 시요와치에   단단히 찔러 넣으시고

히기야카와사바   산양가죽의 샌들을

우치오케쿠미 시요와치에   가볍게 신으시고

우마히키노   말을 끄는

미치야히키노 고타라   종에게 말을 몰아와

마시라바니   백마에

고가네쿠라 가케테   황금 안장을 얹고

마에쿠라네   앞 안장에는

데다노가카 에가치에   태양 모양을 그려 놓고

시루이쿠라니   뒷 안장에는

츠키노카타 에가치에   달 모양을 그려 놓고

지바나안지〔知花按司〕는 사서에서 확인이 안 되는 인물이지만, 이 오모로에 의해 역사적으로 실재했을 것으로 추측되는 인물이다. 지바나구스쿠〔知花城〕는 옛날 구스쿠로 불리며, 이소구스쿠에서 나온 스에키와 같은 토기가 출토되는 점에서 대략 같은 시대의 구스쿠로 추측되고 있다. 오키나와는 수에기〔須惠器〕가 나오는 시기부터 아지시대에 해당되는데, 지바나구스쿠를 거성(居城)으로 활약했을 아지를 노래하는 이 오모로는 오키나와의 역사 발전단계를 엿볼 수 있는 단서가 되고 있다.

그건 그렇고 오모로에서 노래하는 지바나아지의 분장(扮裝)은 늠름하고 아름답다. 이하 후유우〔伊波普猷〕는 이에 대해 가마쿠라〔鎌倉〕 시대의 영향을 받은 분장으로 산잔〔三山〕 시대 영웅들의 차림새로 서술하고 있다.

지바나안지는 이소〔伊祖〕 전쟁의 승리자(에이소)가 활약한 13세기경에 등장한 지방의 영웅으로 생각된다. 이들은 민중의 지지를 얻어 찬양을 받고 있는데, 아직 섬 전체의 패권을 장악한 왕자(王者)는 아니다. 당시 선진지대 중부 지방의 유력한 토착세력으로 보아야 할 것이다.

그러나 오키나와 섬 통일의 날이 임박했음을 알리는 강력한 서곡을 연주한 인물들로 주목할 수 있다.

지야나모이 〔謝名思い〕

  다음 오모로는 14세기 중엽 오키나와 역사를 강력하게 개척한 영웅적인 인물 삿토〔察度〕를 찬미한 것이다.

지야나모이야	지야나모이는
타가나치야루쿠와가	누가 낳은 아들일까
코가키요라사	이토록 아름답고
코가 미보시야 야요루나	이렇게도 보고 싶어라
모모지야라노	많은 아지들이
아구데오치야루코치야구치	기다리고 바라던 보물창고의 입구를
지야나모이슈 아케타레	지야나모이가 열어 주셨네
지야나모이가	지야나모이가
지야나우에바루 노보테	지야나우에바루 언덕에 올라
게야게타루츠요와	발에 차이는 이슬
츠요카라도 카바시야아루	이슬의 향기마저도 아름답구나

(《오모로소우시》 14권 982)

  혼돈의 역사 속에서 혈기왕성하게 등장한 지야나모이〔察度〕는 바로 영웅이라는 이름에 어울리는 인물이다. 그를 찬미하는 민중의 소리가 전해지는 듯한 오모로이다. 《츄우잔센칸〔中山世鑑〕》에는 삿토 우라소에〔謝名〕의 오마오오야〔奧間大親〕와

천녀[天女] 사이에서 태어난 사내아이라는 날개옷[羽衣] 전설이 있다. 오모로의 '누가 낳은 아들일까' 라는 글귀이 설화가 배경이 되었을 것이다.

지바나구스쿠[知花城] 터

또한 오키나와 역사상 최초로 명나라와 왕래하며 조공 관계를 맺은 것은 츄우잔왕[中山王] 삿토이다. '기다리고 바라던 보물창고의 입구'는 대명(對明) 무역과 대일(對日) 무역의 시작을 가리킨다. 1368년에 건국한 명나라 태조는 안남(安南)·챤바·자바(동남아시아), 고려·일본·류큐(동아시아)에 초유(招諭)를 보냈다. 이를 받아들여 삿토는 1372년 명나라에 조공하고 이후 조공 무역을 통해 부를 축적하고 문화를 수입했다.

오모로의 마지막 구절에 나오는 '이슬' '향기' 등의 말에서 문학적 향기 넘치는 미의식을 느낄 수 있다. 소박한 찬미가에서 오모로로 결정(結晶)되어 가는 과정에서 새롭게 덧붙여진 부분으로 생각된다.

당시 오키나와는 철기 농기구를 사용하여 생산력이 비약적으로 혁신되고 있었다. 문자가 전해진 것도 삿토시대부터 그리 멀지 않은 90여 년 전의 일이다. 인류가 문자를 알고 철기를 사용함으로써 역사 변혁의 원동력을 만든다고 한다면, 오키나와 역사에서 문자의 유입, 철기의 사용도 원시 사회와 결별과 고대 사회 탄생의 계기를 잉태한 것으로 주목할 수 있다.

신들의 속박에서 자신을 해방시키고 원시의 미망(迷妄)을 타파하려한 개명사상(開明思想)을 지녔던 아지들이 사회적·정치적으로 성장하면서 중원에서 사슴을 몰아낸 것도 이 무렵이다. 특히 강력한 힘을 보인 자가 에이소[英祖] 안지, 지바나[知花] 안지, 쟈나[謝名] 안지로 생각된다.

우라소에[浦添] 지방의 발흥

오모로에 등장한 세 명의 영웅은 이소[伊祖], 쟈나[謝名], 지바나[知花]에 근거지를 두고 있었는데, 이 땅은 현재 우라소에시 주변이다. 이 풍요로운 평야지대에 유력한 호족들이 모여 있던 모습이 눈에 선하다. 우라소에에서 고에쿠[越來], 나카구스쿠[中城]에 걸쳐 있는 오키나와 본도의 중부 지대는 이 무렵부터 15세기말 류큐 왕조의 기초가 다져지기까지 오키나와 역사 동란의 시대에 늘 태풍의 눈으로 존재했다. 우라소에는 《오모로소우시》에서 다음과 같이 노래하고 있다.

기코에우라오소이야	유명한 우라소에는
아지노스데오야구니	아지가 태어난 아버지의 나라
도모모스에 도햐쿠사스 치요와레	언제까지나 영원하기를
도요무우라오소이야	천하를 놀래킨 우라소에는
쇼노스데오야구니	주인이 태어난 아버지의 나라

기코에우라오소이에	유명한 우라소에에
니시히가노가마에 모치요세테	동에서 서에서 공물을 가져와
도요무우라오소이니	천하를 놀래킨 우라소에로
우라오소이노네구니	나라의 뿌리인 우라소에여
모모토츠모코가네	쌓이고 쌓인 금은
우라오소이도 아리요루	우라소에에 있구나
도카시키노 마쿠니	진정한 나라 도카시키여

《오모로소우시》 15권 1079)

우라소에 성터에서 본 마키미나토우라소에는 이 섬의 중심이며, 그곳으로 다양한 조공품과 보물이 모여드는 중화사상이 엿보인다. 이 무렵 우라소에는 역사의 선진지대였음을 엿볼 수 있다. 이 땅에서 치열한 세력 다툼을 반복했던 영웅들의 활약이 원시 사회를 무너뜨리고 고대 사회를 여는 역사적인 에너지 자체가 되었다.

우라소에가 오키나와 역사의 거대한 역사의 한 페이지를 열게 된 데에는 몇 가지 이유를 들 수 있다. 먼저 방책을 쌓을 수 있는 험준한 구릉을 배경으로, 마키미나토〔牧港〕라는 좋은 항구를 이용한 바닷길이 열려 있고, 평야지대에는 풍

우라소에 성터에서 본 마키미나토

요로운 농경지가 개척되어 있었다. 이 주변의 평야에서 벼농사가 이루어졌던 것 같다.

이곳에서 에이소와 삿토는 철기 농기구를 확산시켜 농업 생산의 혁명을 가져왔다. 당시 고대 사회에서 쇠로 만든 농기구는 생산력을 비약적으로 높였으며, 쇠의 전설과 얽혀 있는 에이소와 삿토는 무력으로 승리를 거두었을 뿐만 아니라 문화적 영웅이기도 했다. 또 삿토는 마키미나토를 통한 대명무역〔對明貿易〕으로 막대한 재화와 문화를 우라소에에 가져왔다.

오모로 속에 '요노누시(세상의 주인)'와 '데다(태양)'가 출현한 땅은, 우라소에와 마찬가지로 좋은 항구를 갖고 새로운 문화와 무역의 이익을 유입한 모습을 뚜렷하게 볼 수 있다.

왕국의 성립과 운영

쇼우하시〔尙巴志〕에 의한 섬의 통일

14세기에 산잔〔三山〕의 항쟁은 오키나와 본도 남부 사시키〔佐敷〕에서 공격해 온 풍운아 쇼우하시〔尙巴志〕에 의해 종지부를 찍었다.

1406년 쇼우하시는 산잔의 영웅으로 우라소에에 거점을 둔 츄우잔왕〔中山王〕 부네이〔武寧〕을 타도하고 먼저 츄우잔의 패권을 장악한다. 이어서 1416년 북으로 전쟁터를 확대하여 나키진구스쿠〔今歸仁城〕을 핍박하여 호쿠잔왕〔北山王〕 한안지〔攀

安知〕를 멸망시켰다. 그리고 1429년 남쪽 평야로 내달려 오오자토구스쿠〔大里城〕를 압도하고 난잔왕〔南山王〕 다루미〔他魯每〕를 굴복시켰다.

12세기 중엽부터 태동하기 시작하여 13,14세기에 격렬하게 투쟁했던 아지들의 항쟁이 15세기 들어 마침내 강대한 하나의 세력으로 성장한다. 이것이 산잔의 통일을 이끌어내 오키나와 본도 최초로 전역(全域)을 제패한다.

츄우잔의 삿토 왕통을 무너뜨렸을 때 쇼우하시는 부친 쇼우시쇼우〔尙思紹〕를 초대 왕위에 올리고, 잇따라 후쿠잔, 난잔을 패망시키고 실질적으로 모모아지〔百按司〕로 군림하는 권력자가 되었다. 힘 있는 한 사람의 권력자 이를테면 국왕으로 통일된 '류큐 왕국'이 성립된 것이다.

이 왕국을 오키나와 역사에서 제1(第一) 쇼우씨왕조〔尙氏王朝〕라 부른다. 제1 쇼우씨는 정권을 장악하고 의욕적으로 국가 경영에 매진한다. 뒤에서 서술하겠지만, 특히 해외 교역으로 국가 경영의 기반을 장악한 점이 주목된다. 바다로 둘러싸인 오키나와에서 교역은 역사 발전의 원동력이 되었다. 오키나와 역사상 아지의 발전, 산잔 세력의 격렬한 항쟁, 그리고 통일의 과정은 늘 해외와의 교역과 관련되었다.

불타 없어지기 전 슈리성쇼우하시의 국가 경영 기본 사상은 교역과 농업이었다. 쇼우하시 조부(祖父)의 출자(出自)가 이헤야〔伊平屋〕였다고 하며, 나중에 본도 남부의 바텐항〔馬天港〕·요나바루항〔与那原港〕을 무역의 문호로 한 사시키〔佐敷〕에 거성(居城)을 구축했다. 여기서 이국선이 가져오는 쇳덩이를 매

입하여 농기구를
만들어 농업 생
산력을 증대해갔
다. 교역에 힘을
쏟는 국가 경영의
열린 눈은 그 무
렵부터 싹텄을 것
이다.

불타 없어지기 전 슈리성

나아가 쇼우하시는 지배자 권위의 상징으로 왕성(王城) 정비
에 힘을 쏟은 것이 1427년에 새긴 '안국산수화목기비(安國山樹
華木記碑)'에서 엿볼 수 있다. 슈리성 축성이 언제인지 알 수
없지만, 적어도 쇼우하시시대에 왕도(王都)가 되면서 성의 대
대적인 보수와 주변 정비가 이루어진 것으로 생각된다. 그때까
지 츄우산 세력이 거주하던 성은 마키미나토[牧港]를 문호로
하는 우라소에성이었다. 쇼우하시는 도마리[泊], 나하항을 문
호로 하는 슈리로 옮겨 슈리성[首里城]을 증축·확장하여, 흙
을 높이 쌓아 성의 안팎에 꽃나무와 약초를 심고, 류우탄[龍潭
池] 연못을 파고 물고기 떼를 풀어놓는 등 정비에 힘쓴 것이
비석문에 새겨져 있다.

왕조는 삿토시대 이후 복건(福建)에서 귀화한 문화인들을 중
용했다. 그들의 힘을 빌려 안국산(安國山)을 조영하고 1451년
5대째 국왕 쇼우킨뿌쿠[尚金福, 1450-1453] 때 나하와 슈리를
잇는 기다란 둑(물자수송의 통로)을 쌓았다.

특히 가이키[懷機]는 주목할 만한 인물이다. 쇼우시쇼우[尚

思紹, 第一尚氏王朝, 1406-1469]에서 쇼우킨뿌쿠〔尚金福, 1450-1453]까지 5대에 걸쳐 국정을 도왔는데, 그 출신도 태어나고 죽은 해도 상세하지 않다. 그러나 중국에서 정치 외교의 지도자로 파견된 정복(程復)·왕무(王茂)의 뒤를 이어 쇼우하시〔尚巴志〕에서 쇼우킨뿌쿠〔尚金福〕시대까지 국상(國相)의 자리에 있었다는 점에서 그 역시 중국인으로 어떤 형태로든 명과 연결되어 있었음에 틀림이 없다. 명나라와 교역은 물론 자바, 샴 등 동남아시아 국가와의 교역에서도 국외 사정에 밝았던 그의 힘이 활용되었을 것이다. 안국산(安國山)의 조영은 1417년, 가이키〔懷機〕가 직접 중국에 가서 그의 땅이 예약문물(禮樂文物)이 번창한 것을 보고 돌아온 적이 있다고 앞의 비석문에 새겨져 있다. 또 그때까지 바다 속에 떠 있는 섬 나하에 긴 둑을 쌓아 슈리와 연결하는 경제도로를 만들었다. 근세 나하가 경제도시로서 번영을 약속한 획기적인 토목 사업이었다.

가이키〔懷機〕는 외교와 내치(內治)에 수완을 발휘하며 제1 쇼우씨 왕조〔尚氏王朝〕의 기반을 굳힌 정치가이다. 가이키〔懷機〕 주변 사항을 깊이 연구하면 산잔시대부터 제1 쇼우씨 왕조에 걸친 사실이 좀더 구체화될 것으로 생각한다.

또한 제1 쇼우씨 왕조시대에는 일본에서 도래한 불교 승려를 우대하고, 지속적으로 신사, 불사를 건립(1452년)하며 범종을 주조(1458년)한 것도 간과할 수 없다. 그러나 신도(神道)나 불교를 새로운 문화로 받아들이며, 종교로서의 침투력이 약해 일반 사회는 여전히 오키나와 고유의 신앙이 살아 있다.

쇼우하시는 농민을 중시하며 성을 정비하는 동시에 산잔시대부터 열려 있던 명나라와의 무역과 동남아시아 지역, 일본 본토와의 교역에 주력하며 왕조의 경제 기반을 굳히고 정권 안정에 힘썼다.

한편으로 왕위 계승을 둘러싼 내란(1453년)과 동해안의 교역권을 쥐고 있던 불온한 실력자 고사마루[護佐丸]·아마와리[阿麻和利]의 반란(1458년)도 발발, 제1 쇼우씨 왕조의 국내 치안은 상당히 불안정했다. 쇼우하시 즉위 18년이 지난 후 3대왕 쇼우츄우[尚忠] 5년, 4대왕 쇼우시타츠[尚思達, 1408-1449] 5년, 5대왕 쇼우킨뿌쿠[尚金福, 1398-1453] 4년은 모두 재위 기간이 짧고, 킨뿌쿠왕[金福王]의 사후에 왕의 아들 시로[志魯]와 동생 후리[布里]에 의해 왕위 다툼이 일어났다. 두 사람 모두 죽고 쇼우하시의 일곱째아들 쇼우타이큐우[尚泰久, 1415-1460]가 6대 왕위에 오른다. 1453년 타이큐우의 나이 마흔이었다.

이러한 왕조 내부에서 권력 다툼을 일삼은 한편으로, 오키나와 본도 동해안에서 아마와리[阿麻和利], 고사마루[護佐丸]와 같은 호족이 일대 세력을 이루고 장악하고 있었다. 쇼우타이큐우[尚泰久] 왕은 고사마루의 딸과 결혼, 또 자기 딸(일설에는 동생)을 아마와리의 처로 보내 인척 관계를 맺은 것을 보더라도 왕부(王府)의 힘이 상대적으로 약했음을 추측할 수 있을 것이다.

고사마루[護佐丸]와 아마와리[阿麻和利]

고사마루는 처음 오키나와 본도의 중부 야마다구스쿠[山田城], 잇따라 자키미구스쿠[座喜味城], 나카구스쿠성[中城城]

으로 본거지를 옮기고 제1 쇼우씨의 호쿠잔 공략에 공헌했지만, 오키나와 역사상 출처를 확실히 할 수 없는 인물 중의 한 사람이다. 가츠렌[勝連] 반도에 성을 쌓고 슈리와 대결했던 아마와리는 패배자의 운명으로 오키나와 정사에서 말살되어 버렸다.

그러나 아마와리는 가츠렌 주변에서 선정을 베풀어 많은 민중의 지지를 받고 있었음을 그 땅에서 전해지는 아마와리 전설이 말해 주고 있다.

가츠렌 및 주변 하마히가지마[浜比嘉島] 외에 아마미쿄 신화가 짙은 그림자를 드리우고 있으며, 옛날 아마(바닷사람) 혹은 아마베[海人部]가 활약한 만안(灣岸)인 점을 생각하면 그 땅에 군림한 호족을 아마라 불렀던가, 혹은 아마베에서 신화적으로 길러진 아마미쿄가 하늘에서 내려온 신으로 바뀌며 아마오리, 그 사투리 아마와리로 칭해졌던가, 그 어느 것과 관련되어 있을 것이다. 두 사항이 역사적 혼돈을 겪으며 아마와리의 원래 형태로 만들어진 것같다. 어찌 되었거나 바다에서 올라온 아마미쿄 신은 하늘에서 내려온 신이기도 하며, 아마베, 아마미쿄, 아마와리는 서로 관련이 있을 것이다.

고사마루는 출처를 알 수 없는 호족이지만, 이름 끝에 마루[丸·麻呂]가 붙은 인물은 오키나와 역사상 고사마루와 카나마루[金丸, 나중의 쇼우엔왕[尙円王]·제2 쇼우씨 왕조[尙氏王朝] 초대 국왕] 둘뿐이다. 시대를 달리하면서 두 사람 모두 오키나와 본도의 북부에서 중부로 이동해 온 점에서 야마토[大和]에서 내려온 귀인이거나 혹은 그 후예가 아닐까 추정된다. 오키나와 역사에 있어서 고사마루, 가나마루의 특이하게 두드러진 활약상을 보면, 바로 문화적 영웅으로 해석할 수 있다.

가츠렌구스쿠〔勝連城址〕터

이 두 인물에 대해 극작가 다마구스쿠 쵸우쿤〔玉城朝薰〕이 그의 창작물 〈니도우데키우치〔二童敵討〕〉('고소데소가〔小袖曾我〕'의 영향이 짙다)에서 아마와리에게 멸망당한 고사마루의 유아(遺兒) 둘이 힘겨운 고생 끝에 아마와리를 토벌했다는 이야기로 구성되어 있으므로, 후세 고사마루는 구스노키 마사시게〔楠木正成, 1294-1336, 일본 가마쿠라시대〔鎌倉時代〕 말기의 무장(武將). 고다이고 천황을 도와 가마쿠라 막부를 멸망시키는 데 공을 세운 인물로, 천황에 대한 충성심의 상징적 존재)와 같은 충신, 아마와리는 아시카가 다카시〔足利尊 씨〕 같은 역신(逆臣)이라는 이미지가 만들어졌다. 그러나 예리한 역사적인 안목을 갖고 《오모로소우시》를 읽은 다지마 도시사부로〔田島利三郎〕와 이하 후유우〔伊波普猷〕는 세간에 전해오는 속설을 부정하고 아마와리의 오명을 씻어주고 있다.

이하 후유우는 아마와리를 류큐 최후의 영웅으로 판단했을 정도이다. 나카하라 젠츄우〔仲原善忠〕 역시 《오모로소우시》 2권의 연구에서 나카구스쿠〔中城〕의 고사마루와 가츠렌의 아마와리는 '오쿠토〔沖渡〕보다 위,' 즉 오오시마제도〔大島諸島〕를 중심으로 한 경제적 주도권을 다툰 점과 당시의 역사를 오모로에서 읽어내고 있다.

슈리 왕성을 둘러싸고 나아가 동해안을 중심으로 교역권을 둘러싼 가츠렌과 나카구스쿠의 관계는 《오모로소우시》에 확실하게 모습이 남아 있다. 고사마루가 있었던 나카구스쿠〔中城〕와 아마와리의 근거지 가츠렌의 오모로를 예로 들어 보자.

나카구스쿠네쿠니	나카구스쿠는 뿌리의 나라
네쿠니아츠루하야후사	뿌리의 나라에 있는 배로
도쿠오오미야	도쿠노지마〔德之島〕, 아마미오오지마〔奄美大島〕에
가케테 히키요세레	걸터 앉아 끌어당기네
도요무구니노네	나카구스쿠가 소리가 울려 퍼지는 나라
구니노네니아츠루하야후키	나라의 뿌리에 있는 배로

(《오모로소우시》 2권 53)

　나카구스쿠는 나라 근본이며 국가의 중심이라며 국가를 찬미하고 있다.

가츠렌가후나야레	가츠렌인의 항해여
우케요로와 하시시야리	우케지마〔請島〕, 요로지마〔与路島〕를 다리 삼아
도쿠에라부	도쿠노지마〔德之島〕, 에라부지마〔永良部島〕를
다요리나치에 미오야세	인연으로 힘있는 쪽의 손을 들어

	주네
마시후리가 후나야레	마시후리(인명)의 항해여
	(《오모로소우시》 13권 938)

가츠렌가 후나야레	가츠렌인의 항해여
후나야레도 미나마에	항해가 바로 공물이다
기기야오오미야	기카이지마〔喜界島〕, 아마미오오
	지마〔奄美大島〕를
히치야지 나치에 미오야세	육지에 이어 힘있는 쪽의 손을
	들어주네
마시후리가 후나야레	마시후리(인명)의 항해여
	(《오모로소우시》 13권 939)

가츠렌인〔勝連人〕의 항해를 노래한 오모로로, 이들과 동공이곡(同工異曲 ; 솜씨는 같으나 표현된 형식이나 맛은 서로 다름)일 수도 있다. 이 오모로는 당시의 역사를 비춰주는 오모로이다.

해상 무역과 패권 다툼

당시 오키나와는 섬을 통치하기 위한 경제적 기초가 해상 무역에 있었다. 섬 통일(1429년)을 이룩한 츄우산 세력은 명나라는 물론 멀리 샴, 말라카, 수마투라, 팔레반, 자바에까지 배를 보내 교역하며 국가 경제의 기초를 다졌던 시대이다. 명실공히 오키나와의 주권자였던 츄우산 세력이 중국과 남방과의 교역에 분주해 있던 무렵, 나카구스쿠와 가츠렌은 동쪽 바다에서 패권을 다투며 북방과의 교역에서 이득을 올리며 힘을 비축했을 것이다.

고사마루와 아마와리의 국왕 쇼우타이큐우〔尚泰久〕를 사이에 둔 정치적 주장은 이러한 무역권, 경제권을 배경으로 보면 역사의 진실에 가까워질 수 있을 것이다.

어찌 되었건 산잔〔三山〕 정립 이후의 전란은 고사마루와 아마와리의 난으로 매듭짓게 된다. 오키나와 역사상 문학적인 영웅시대를 설정한다면 에이소〔英祖〕와 같은 아지들의 흥망(13세기말)을 중심으로 고사마루, 아마와리의 멸망(15세기 중엽)으로 종지부를 찍었을 것이다.

6대째 타이큐우왕〔泰久王〕은 수많은 내란을 겪으며 쓰디쓴 경험을 추억하면서 평화와 행복을 추구하는 불교에 귀의했을 것으로 생각된다. 많은 사찰을 건립하고 열 개가 넘는 거대한 종을 잇따라 주조했다.

7대째 쇼우토쿠왕〔尚德王〕은 1466년에 기카이지마〔喜界島〕원정을 행하여 아마미오오지마〔奄美大島〕 해역에서 무력의 위엄을 보였다. 제1 쇼우씨〔尚氏〕 왕조는 결국 형제간의 내란과 기다란 둑을 쌓는 대토목 사업, 기카이지마〔喜界島〕 원정 등으로 국력 소모가 심해 경제 기반의 동요와 정치 정세의 불안이 더욱 늘어나게 된다.

제2 쇼우씨[第二尙氏] 왕조의 성립과 운영

쇼우엔왕[尙円王]과 나하 세력의 대두

1469년 제1 쇼우씨 왕조는 왕조내의 실력자였던 우치마 가나마루[內間金丸]를 중심으로 한 세력에 타도당한다. 가나마루는 다음해 즉위하여 쇼우엔[尙円]이라 칭했다. 제2 쇼우씨 왕조의 성립이다.

이제나지마[伊是名島] 출신인 가나마루는 제1 쇼우씨 왕조의 고에쿠[越來] 왕자였던 쇼우타이큐우[尙泰久]를 섬겨 인정을 받아 마침내 중앙의 슈리에 올라와 아쿠가미[赤頭]의 자리에 올라 점차 지위를 굳혀갔다. 그 무렵 쇼우타이큐우[尙泰久]의 왕위 계승 문제가 일어났으므로 '국인(國人) 쇼우타이큐우를 추천한다'는 《명실록(明實錄)》의 그것은 쇼우타이큐우를 지지한 가나마루의 힘에 의지한 바가 컸다. 가나마루는 쇼우타이큐우 왕의 즉위 후 바로 니시하라마기리[西原間切] 내각의 지두(地頭)로 임명되었다. 몇 년 후에는 오오쿠라다이진[大藏大臣]이라 할 수 있는 오모노구스쿠사스노소바관[御物城鎖側官]으로 등용된다. 가나마루의 나이 45세였다. 오모노구스쿠란 나하항의 입구에 있는 무역품의 수장고이다. 조선 표류민의 기록(《조선왕조실록》)에 따르면, 술, 철갑, 창, 칼, 화살이 가득했다고 한다. 술은 남방(南方)에서 들여온 것이며, 무기는 일본에서 들여와 명나라로 수출하기 위해 일시적으로 이곳에 두었을 것이다.

쇼우엔왕〔尚円王〕과
쇼우신왕〔尚眞王〕의 초상

가나마루는 제1 쇼우씨 7대째 쇼우토쿠왕〔尚德王〕이 사망하자 무리의 추천을 받아 왕위에 올랐다고 한다. 그러나 가나마루를 정점으로 하는 제후의 무력연합에 의해 정권이 뒤바뀐 것으로 보는 견해도 있다. 이미 서술했듯이 가나마루는 쇼우타이큐우왕〔尚泰久王〕의 두터운 신뢰를 받으며 해외 무역품을 보관하는 오모노구스쿠의 장관으로 재정 및 외교 문제를 담당하는 중책을 맡고 있었다. 또한 그로 인해 탕룽〔唐榮, 귀화인이 사는 구메무라〔久米村〕〕 사람들의 신망도 두터웠으므로, 그들의 신뢰와 지지가 그를 정권의 권좌에 앉힌 것이 아닐까.

류큐〔琉球〕를 축으로 일본과 명나라를 이어주는 탕룽인〔唐榮人〕이 있다. 그들과의 연결이 경제적·군사적으로 가나마루 세력을 증대시키는 원동력이 되었다.

이 탕룽 및 오모노구스쿠를 중심으로 무역 이득을 취하며 오키나와 경제의 중심을 이루었던 나하 세력이 가나마루를 지지하여 마침내 슈리 세력인 쇼우하시〔尙巴志〕왕통을 무너뜨렸다고 생각할 수 있다.

혁명 때 백발의 노인 아사토노히야아〔安里大親, 나하의 마을 조성의 주동자〕가 출현, "모노쿠유스도와가우스우, 우치마우자시도와가우스우"라 주문을 외우니, 무리가 모두 '오사레'라 화답했다는 전설은 그간의 사정을 말해 준다고 생각한다.

여하튼 쇼우엔〔尙円〕부터 쇼우신〔尙眞〕에 이르는 제2 쇼우씨 왕조 초창기의 역사적 움직임에 주목할 때, 정치·경제·문화를 통틀어 명나라를 중심으로 아시아를 향해 문을 열어두고 있던 탕룽인〔唐榮人〕의 영향력을 그 배후에서 느끼지 않을 수 없다.

쇼우신왕〔尙眞王〕의 국가 경영

쇼우엔〔尙円〕은 재위 7년 되던 해에 사망했다. 그후 1477－1526년까지 50년간 재위했던 3대 쇼우신왕은 찬란한 업적을 남겼으므로 그 시대는 오키나와 역사상 황금시대로 불린다. 쇼우신왕의 업적은 '모모우라소에란칸노메이〔百浦添欄干之銘〕' (1509년), '국왕 송덕비'(1522년)에 명기되었고, 사서 《츄우잔세이후〔中山世譜〕》(1701년)에도 기록되어 있다. 그 주된 내용을 보면,

하나, 미야코〔宮古〕·야에야마〔八重山〕를 평정하고 국력을 번성시켰다.

하나, 지방의 아지(호족)들을 슈리에 집결시키고 위계제(位階制)를 편성, 정치 조직을 정비했다.

왕릉 '다마우돈' 제2 쇼우씨 왕가의 묘

하나, 고유 신앙에 뿌리를 둔 신녀(神女)들을 국가적으로 재편성하고, 기코에오오키미[聞得大君]를 정점으로 하는 종교조직을 정비했다.

하나, 명나라에 조공을 2년 1공(貢)에서 1년 1공으로 고치고, 적극적으로 친교를 추진하는 외에, 샴, 마라카 등과도 교역하여 국력을 키웠다.

그 외에도 불교에 귀의하여 사원을 건립, 슈리성 및 주변의 정비, 도로를 만들고 다리를 놓는 등 토목사업, 예술의 장려, 민중을 사랑하고 조세를 가볍게 하는 등, 쇼우신왕 시대의 국가경영은 내치(內治), 외치(外治) 모두 탁월했다.

그러나 쇼우신 시대의 통치가 모두 순조롭지 않았음은 주변 속도(屬島)의 저항이 있었던 것으로 알 수 있다. 특히 야에야마[八重山]의 오야케아카하치의 난(1500년)이 유명하다. 그외 구메지마[久米島]의 구시가와[具志川] 아지의 난(1507년), 아마미[奄美]의 가사리[笠利] 지방의 난(연대 불명) 등이 발발했다. 하지만 쇼우신은 미야코, 야에야마, 구메지마, 아마미 등 주변 속도를 제압하고 왕국의 판도를 넓혔다. 왕권을 강화하고 왕국의 기반을 확립한 쇼우신왕을 오모로는 다음과 같이 상징적으로 노래하고 있다.

쇼리모리 치요와루 쇼리모리에 계신

오기야카모이가나시 쇼우신 임금님은

테니요리시타노 천하를 지배하시는

와우니세테다 나라의 임금님

마다마모리 치요와루 마다마모리에 계십니다

《오모로소우시》 5권 230)

《오모로소우시》 편찬을 기획한 왕도 쇼우신으로 생각해도 좋을 것이다. 1권 머리말의 1수는 태양신, 국왕, 기코에오오키미〔聞得大君〕를 내세우며 류큐 왕국 통치를 위한 지배 체계가 상징적으로 표현되었다고 해도 좋다.

기코에오오기미기야 기코에오오키미(태양신)가

오레테 아스비요와레바 하늘에서 강림하여 노니시는데

데니가시타 나라의 임금님은 천하를

타이라게테 치요와레 편안하게 다스리셨네

도요무세다카코가 울려퍼지는 영험한 힘 풍부하신 분이

쇼리모리구스쿠 쇼리모리구스쿠에

마다마모리구스쿠 마다마모리구스쿠에

《오모로소우시》 1권 1)

국가의 최고 신녀(神女)인 기코에오오키미가 신에게 기도하여 국왕 수호를 노래한 이 오모로에는, 정교 일치의 국가사상이 잘 드러나 있다. 석조 건축을 비롯하여 다양한 미술공예가 번성한 것도 쇼우신시대였다. 그 대부분은 교역에 의해 이입된 외래 문화의 자극을 받은 것이며, 그것이 융합되어 오키나와적으로 개화한 것이다.

해외 교역의 발전

배를 타고 세계를 돌아다니다

오키나와의 역사, 특히 왕조를 성립한 그 무렵에 주목해 보면, 왕국의 탄생과 그 경영은 해외 교역과 불가분의 관계에 있음이 선명하게 보인다.

먼저 아지로 불리는 호족의 대두로 시작된 섬 내부의 정권다툼은 산잔[三山]의 정립, 섬 전체의 통합이라는 역사적 과정을 거치면서 요동쳤지만, 이 소란은 대개 해외 교역을 배경으로 발생했다. 사방이 바다로 둘러싸인 오키나와에서 역사 발전의 원동력은 교역에 있었고, 왕조의 성립과 발전 역시 교역을 빼고 생각조차 할 수 없었다.

왕국의 이념을 노래한 《오모로소우시》 속에 바다를 통한 교역과 관련된 오모로가 많이 보이는 것도 결코 우연이 아니다.

쇼리 오와루 데다코가 　　　　슈리에 계신 임금님이
우키시마와 게라에테 　　　　나하의 항구를 만드시고
타우나반요리야우 나하도마리 　당, 남만(南灣)의 배가 모여드

　　　　　　　　　　　는 나하 항구여

구스쿠오와루데다코가　　　구스쿠에 계신 임금님이

　　　　　　　　　　　《오모로소우시》 13권 753）

　이렇게 노래한 오모로에서 슈리 왕성과 나하 항구를 축조하고, 당나라, 남만까지 웅비하며 교역하고 있는 모습을 엿볼 수 있다. 또한 오모로에는 일본의 수도, 가마쿠라〔鎌倉〕, 지쿠시〔筑紫〕와 교역, 아마미, 미야코, 야에야마, 기타 해역(海域)에도 적극적으로 '배를 띄우고(항해)' 있는 모습을 노래하고 있다.

　쇼우타이큐우왕〔尙泰久王〕에 의해 주조된 '만국진량의 종〔万國津梁之鐘〕'(1458년)의 명문(銘文)은 한자로 다음과 같이 새겨져 있다.

　류큐국〔琉球國〕은 남해의 승지(勝地)에 위치해 삼한(三韓, 조선)의 빼어난 점을 모두 취하고, 대명(大明, 명)과 일역(日域, 일

琉球国者南海勝地而
鍾三韓之秀以大明為
輔車以日域為脣歯在
此二中間湧出之蓬莱
嶋也以舟楫為万国之
津梁異産至宝充満十
方刹地霊人物遠扇和
夏仁風故吾
王大世主庚
寅慶生尚泰久
承宝位於高天育蒼生
於厚地為隆三宝報酬
四恩新鋳巨鍾以就
本州中山国王殿前挂
著之定宝章于三代之

後戦文武于百王之前
下済三界群生上祝万
歳宝位永命相住持
溪隠安潜叟作銘銘曰
須弥南畔
世界洪宏
吾王出現
済苦衆生
截流玉象
吼月華鯨
泛滋四海
震梵音處
覚長夜夢
暁天慧明
登風永扇
乾坤永明
戊寅六月十九日辛亥
大工藤原国善
住相国溪隠安潜

만국진량의 종(萬國津梁鐘)(오키나와현립박물관)과 그 명문(銘文)

본)을 보거순치(輔車脣齒, 불가분의 관계)로 삼아 상호의존하고 있다. 그 중간에 불쑥 솟아오른 봉래섬(蓬萊島). 배를 타고 만국의 진량(津梁, 가교)으로서 이산지보(異山至寶, 이국의 산물과 보물)가 나라에 넘친다.

(이하 생략, 원문은 한문)

해외로 웅비하며 각지에서 생산되는 이국의 산물과 보물이 나라에 넘치는 이상적인 평화향 봉래섬을 만든다는 기백이 전해진다.

그런데 여기서 배를 타고 만국(万國)을 연결하는 가교(架橋)가 되려 했던 류큐 왕국이 어떤 식으로 현실화해갔는지 그 실태를 밝히려 한다.

명나라와 교역

앞에서 서술한 진량(津梁)의 종명(鐘銘)에도 언급되어 있는 것처럼, 해외 무역 특히 명나라와는 강한 유대 관계로 연결되어 있다. 때마침 명나라는 그 무렵 조공을 하고 책봉 체제를 받아들인 나라에만 교역을 허용하는 정책과, 자국 상인의 자유로운 해외 교역을 금지하는 해금정책(海禁政策)을 취하고 있었다. 하지만 이 두 정책이 아시아 지역에서 류큐 왕국의 교역을 발전시키는 커다란 요인이 되었음을 부정할 수 없다.

'조공'이란 공손하고 온순하다는 뜻을 나타내며, '책봉'이란 조공의 예에 대해 그 국왕에게 '그대를 봉하여 국왕으로 삼는다'는 칙서를 주는 것이다. 오키나와는 삿토의 아들 부네이[武寧] 때(1404년) 처음 중국의 '책봉'을 받았고, 1866년 마지막 국왕 쇼우타이왕[尙泰]까지 지속되었다. 중국은 명리(名利, 권위)를 취하고 오키나와는 실리(實理, 이익)를 취한 셈이다.

명나라 건국 다음해인 1369년에 안남, 찬바, 자바, 고려, 일본 등에 조공을 요구했지만 일본만은 응하지 않았다. 그런 일본도 아시카가 요시미츠[足利義滿, 1358-1408, 장군] 때 진공선(進貢船)을 보내 명일(明日) 무역의 길을 열었다. 류큐 왕국과 명나라의 관계는 그로부터 3년 늦은 1372년 츄우잔의 삿토에 의한 조공으로 시작된다. 이후 류큐 왕국은 중국에 조공이 끊이지 않고 이어졌다. 특히 산잔시대에 빈번하게 조공이 이루어졌다. 츄우잔왕 초기(1372년)부터 난잔왕[南山]의 마지막(1415)에 이르기까지 츄우잔 42회, 난잔 24회, 후쿠잔 11회가 보여주는 조공의 횟수 자체가 세 세력의 강약을 보여준다.

시작 무렵 특별한 제한 없이 대략 1년에 1회 조공으로 이어지다가 이런저런 사정으로 2년 1회로 제한되어 국왕의 제정에 크게 영향을 미치게 되었다.

오키나와에서 명나라에 보낸 초기의 조공품은 주로 칼·유황·파초포·부채·향료 등이었고, 후기에 말과 유황이 중심이 되었다. 칼은 일본의 수입품, 향료는 남방산이었다. 명나라에서 오키나와에 준 물품은 견직물·도기·철기 등이었다. 특히 철기는 귀중한 물품이었던 것같다.

명과의 교역으로 받은 문화적 영향도 오키나와 문화 발전에 중요한 의미를 갖게 된다. 오키나와에서 '칸쇼우[官生]'으로 불리는 유학생의 파견도 그 하나이다. 유학생들이 명에서 공부하고 돌아와 정치·경제·사회·문화의 학문이 오키나와의 역사 안쪽에서 행한 역할은 대단히 컸다. 복건성에서 빈진(閩人) 36성이 귀화한 것도 사회적·문화적 의미가 크다. 그들에 의해 유교와 도교가 전해지고 그 영향은 오키나와의 사상·풍속·문화 등에 투영되었다.

남방과의 교역

14-16세기에 걸쳐 오키나와와 남방과의 통교가 보이는 것은, 샴(타이), 팔레반(구홍콩), 자바, 말라츠카, 수마트라, 바타니, 안남(安南), 순다 등이다. 1372년 삿토가 명국에 헌상한 조공품 중에 소목(蘇木, 다목), 후추나무, 상아 등 남방산 물품이 들어 있는 것을 보면, 오키나와와 남방과의 교역은 그 이전, 즉 명나라에 입공(入貢)하기 이전부터 행해왔던 것으로 보아야 한다.

남방의 여러 지역 가운데 오키나와와 가장 오래 교역한 곳이 샴이다. 샴과의 관계는 삿토 이후 150여 년 지속되었다.

샴이 명나라에 조공한 것은 삿토보다 1년 빠른 1371년이다. 1388년에 일본과 왕래하며 사이좋게 지내고 있었으므로 대략 같은 무렵에 오키나와와 내왕하기 시작한 듯하다. 하지만 그 이전부터 사적인 내왕이 있었음은 앞에서 서술한 바 있다. 샴과의 내왕은 1570년을 마지막으로 중단되는데, 그 배경에는 포르투갈, 에스파냐의 아시아 진출이 있었다. 오키나와에서 샴에는 주로 중국의 자기를 보내고, 샴에서는 후추나무, 소목(蘇木, 다목)

를 구해왔다. 오키나와는 그 후추나무와 소목(蘇木)을 중국에 진상품으로 바치고 일본, 조선에도 전매하며 이득을 얻었다.

말라카에는 1463년(尚德 3년)에 구시킨(吳實堅)을 파견했는데 그 이전부터 내왕이 있었던 것같다. 말라카는 15세기 들어 급속하게 번영하여 동서 교역의 접점이 된 곳으로, 1511년까지 20회 정도 내왕했다. 오키나와에서 말라카에 보낸 물품은 일본과 중국의 칼·부채·청자 등을, 말라카에서 후추·소목(蘇木, 다목) 등을 구해왔다. 중국에 진상한 조공품으로 주석은 이곳에서 구한 것 같다.

포르투갈의 인도 총독에 대해 쓰여진 《아루부케르케전》에, 매년 말라카에 배로 오가며 거래한 후 신속하게 떠났다고 기록되어 있는 골인은 류큐인으로 보고 있다. 1511년 포르투갈인에 의해 말라카가 점령되자 통교(通交)가 단절되었으므로, 그후 오키나와와 남방과의 내왕은 샴과 파타니로 제한된 것같다.

파타니는 샴만의 서남 지방으로 파타니와의 통교는 1490년(尚眞 14년)에 시작되어 1543년(尚淸 17년)을 마지막으로 단절되었다.

일본과의 교역

명나라에 대해 일본과 오키나와가 비슷하게 조공의 형식을 취한 그 무렵부터 일본과 오키나와 사이에 다시 교역의 길이 열리게 되었다. 오키나와에게 일본과 조선은 명과 남방에서 가져온 방물의 전매지(轉賣地)였던 셈이다. 그를 위해 오키나와 선박은 큐슈와 긴키〔近畿〕 항구를 비롯하여 관토(關東)의 무츠우라〔六浦〕까지 출입하고 있다. 아시카가막부〔足利幕府〕는 류큐봉행(奉行)을 무역 관리로 행하고 있었으므로 제1 쇼우씨 왕조와 종종 문서를 교환했다.

그런데 오우닌〔応仁〕·분메이〔文明〕의 난(1467~77년)으로 오키나와 선박의 효고〔兵庫〕 입항이 단절되었다. 그로 인해 약초·향료 등 좀더 매력적인 교역품을 입수하지 못하고, 긴키 상인은 심각한 타격을 받게 되었다.

그 사이 사카이〔堺〕 상인은 오키나와 무역에도 진출하여 오키나와에서 명일(明日) 무역에 사용하기 위한 후추, 소목(蘇木, 다목)을 매입하거나 주문했다.

아시카가 막부 역시 류큐 무역의 통제권을 포기하지 않고 1471년 시마즈〔島津〕에 대해 사카이에서 류큐로 출범(出帆)하는 선박 단속을 명하고 있다. 한편 1480년에 막부는 시마츠기에 조서를 보내 류큐 선박의 내항의 부활을 의뢰하고 있다. 교역의 중계지로서 오키나와를 이용하기 위해서라도 그 관계를 끊고 싶지 않았을 것이다.

그러나 오키나와에서 효고, 사카이와의 내왕은 점차 멀어져 갔다. 그것은 하카다〔博多〕 상인과 사카이〔堺〕 상인과의 대립, 세토나이카이〔瀬戸內海〕 제해권〔制海權〕 다툼의 여파가 영향을 미쳤다. 해상교통의 길이 부자유스러워졌기 때문에 오키나와선의 교역은 그 이후 큐슈로 한정되었고 보우노츠〔坊ノ津〕과 하카다가 중심지가 되었다.

조선과의 교역

오키나와와 조선과의 왕래는 1389년 찻토〔察度〕가 고려왕에 사자를 파견한 것이 최초이다. 오키나와에서 왜구에게 약탈된 조선인을 되돌려보내는 동시에 유황 3백근, 소목(蘇木) 6백근, 후추 3백근, 갑옷 20부를 헌상했다. 이에 대해 고려에서도 사자를 파견했다. 1393년 고려가 멸망하고 조선이 건국하자 오키나와에서 몇 차례 사자를 파견하여 중국과 남방의 방물을 갖고 교역을 행했다. 하지만 조선 측은 애초부터 오키나와와의 왕래에 적극적이지 않고, 제2 쇼우씨 왕조 쇼우엔, 쇼우신 무렵에는 거의 시들해졌다.

15세기초 하카다 상인들이 소목(蘇木), 후추, 상아, 침향(沈香) 등 남방의 산물을 조선에 많이 보내고 있었는데, 대부분 오키나와를 매개로 일본에 수입된 것이었다. 그 무렵 하카다는 명나라와 조선과의 교역지이며, 오키나와 선박도 드나들었다. 또 하카다 상인의 오키나와 왕래도 16세기 들어 한층 빈번해지게 되었다.

이리하여 15세기말부터 16세기 중엽에는 아마미〔奄美〕, 오키나와, 미야코〔宮古〕, 야에야마〔八重山〕를 영유하고 있는 류큐 왕국이 성대하게 번영하여 무역국가로서 그들의 활약이 두드러졌다. 하지만 그 무렵에는 이미 동남아시아에 대한 유럽 세력의 침입이 시작되었다. 교역에서 위세를 떨치고 있던 마라카 왕국은 그 힘에 굴복당해 교역으로 살아가고 있는 류큐 왕국의 앞날에 그림자가 드리워졌다.

오키나와는 이리하여 중국과 남방제국에 일본의 칼, 무구(武具)·병풍·부채 등을, 일본, 조선에 후추·소목(蘇木)·상아·침향 등을 물목으로 하는 중계 무역이 생겨났는데, 그것도 15세기를 정점으로 16세기 들어 점점 쇠퇴해갔다. 그 이유는 16세기 포르투갈인, 에스파냐인들의 동양 진출 때문인데, 지속적으로 해금 정책을 취해왔던 중국이 16세기 들면서 해외 무역에 나서 남방 제국을 비롯하여 일본과도 내왕하게 된 점, 16세기 중엽부터 일본에서도 중국 및 남방 제국과 직접 내왕하게 된 것이 오키나와 중계 무역의 기반을 잃어버리는 직접적인 계기가 되었음은 간과할 수 없다.

막번 체제(幕藩體制)의 침투와 오키나와

사츠마〔薩摩〕의 류큐 침입

일본사에서 무사집단에 의한 정치 권력이 등장하고 오다 노부나가와 도요토미 히데요시 정권이 권력을 장악하거나, 에도 시대 들어 막번제(幕藩制) 국가의 체제 정비가 충실해지며 통제력이 지방으로 파급되자, 그 여파는 류큐 왕국에도 미치게 된다. 16세기 말엽부터 17세기초의 일이다. 그때까지 오키나와는 일본 국내 권력자의 정치 간섭을 받지 않았다. 그래서 동아시아와 동남아시아를 이어주는 땅이 주는 이익을 활용하여 무역국가로 존립할 수 있었다. 하지만 그 무렵부터 일본의 권력자들이 류큐 왕국의 존재를 의식하게 되었다. 특히 지리적으로 가장 가까운 관계에 있던 사츠마는 차츰 심하게 간섭하기 시작했다. 그러한 정황 위에 결국 1609년 사츠마는 류큐 왕국을 무력으로 제압하고 에도막부에 의한 막번 체제의 테두리 안으로 편입해 버린다.

사츠마〔薩摩〕침입의 역사적 평가

사츠마의 류큐 침입은 류큐 왕국이 지니고 있는 대명 무역(對明貿易)의 경제적 이권 수탈이 주요 요인이라 생각하기 쉽다. 물론 하나의 요인이 되었지만 막번 체제 자체의 성장과 체제 내측에 있는 사츠마의 정치적 · 경제적 궁핍이 구체적인 계기가 된 점도 간과할 수 없다.

또한 오키나와 내부도 유럽 세력에 밀려 중계 무역이 쇠퇴하여 16, 7세기에는 무역국가로서의 결정적인 위기를 맞고 있었다. 그러한 역사적 상황을 참작하면, 사츠마 침입은 류큐 왕국이 뒤늦은 고대 사회를 청산하고 중세적 봉건 사회를 맞는 역사적 계기가 되었다는 견해를 보이는 사람도 있다.

사츠마는 무력 침입을 했지만 과감히 왕국을 완전 해체하지 않고, 중국과의 책봉, 교역 관계를 인정했다. 그 점에서 류큐 왕국은 외견상 독립권을 지니면서 정치의 내실은 사츠마와 막부의 엄격한 통제를 받았다. 류큐 왕국은 막번 체제의 내부로 편입되면서 중국과의 관계도 무너뜨리지 않는 복잡한 내정을 담당하게 되었다.

사츠마[薩摩]의 정치

사츠마는 류큐 침입 후 바로 농지 측량을 행하여 류큐의 총 쌀
의 수확량을 약 9만석(지행 목록)으로 보고, 연공미[年貢米]와
포목 등의 여러 잡화를 사츠마에 진상하는 것을 의무화하고(貢
納 목록), 아마미[奄美]의 다섯 개 섬을 할양하게 했다. 인질로
사츠마에 억류되었던 쇼우네이왕[尙寧王] 귀국(1611년) 때 〈키
쇼우몬[起請文]〉을 쓰게 하여 류큐측이 지켜야 할 '규정 15조'
를 건네주었다.

"류큐는 예부터 시마즈[島津] 씨의 종속국이었는데 행해야
할 의무를 게을리 한 죄가 크고도 깊다. 그럼에도 불구하고 귀
국을 허락하고 제도(諸島)도 주었다. 그 은혜에 감사하며 자자
손손에 이르기까지 이 맹약에 소홀함이 없어야 한다."

이상이 기쇼우몬의 대략적인 내용이다.

쇼우네이왕[尙寧王]의 초상

사츠마는 류큐 토벌의
이유를 정당화한 셈이다.
'규정 15조' 중에서 국외
와의 교역을 사츠마가 통
제하려 한 항목이 눈에 띈
다. 중국과의 교역은 사츠
마의 허가를 받아야 한다,
사츠마의 조인 없이 상인

이 허용되지 않는다, 타국에 대한 상선 파견을 금한다는 부분에서 엿볼 수 있다.

어찌 되었거나 사츠마 침입은 오키나와 측에서도 예상하지 못했던 외압에 의한 역사의 변혁이며, 오키나와는 형태상으로 좀더 발전한 일본의 봉건적 막번 체제 속에 편입되었다. 그러나 혁신적인 사회 구조의 내실이 수반되지 않아 갖은 혼란과 사회 모순이 쌓이게 된다.

쇼우쇼우켄〔向象賢〕과 사이온〔蔡溫〕

그러한 모순과 혼란이 약 반세기나 오키나와를 고통에 빠뜨렸는데, 그때 등장한 사람이 쇼우쇼우켄 하네지〔向象賢羽地〕 쵸우슈〔朝秀, 1617-75년〕, 사이온구 시챤분쟈쿠〔蔡溫具 志頭文若, 1682-1761년〕이다.

두 인물은 사츠마에 의한 정치 지배를 현실로 인정하면서 사츠마와 중국 사이에 끼인 복잡한 정치 과제에 부응하여 민중의 생활 안정을 꾀하기 위한 정책에 골몰한 뛰어난 정치가이다.

법과 풍속을 엄격히 단속하고, 농업을 진흥하고 상공업을 조성하여 학술, 교육을 권장한 그들의 정책은 역사의 변혁으로 혼란했던 오키나와의 재건에 커다란 힘이 되어 효과를 발휘했다.

우표에 그려진
사이온〔蔡溫〕

쇼우쇼우켄은 《츄우잔센칸〔中山世鑑〕》(1650년)을 편찬하여 오키나와의 역사를 밝히고, 《하네지시오키〔羽地仕置〕》(1673년)을 저술하여 〈일류동조론(日琉同祖論)〉을 설파한 것으로도 유명하다. 사이온〔蔡溫〕 역시 수많은 저술을 남겼다. 특히 《쿄우죠우〔敎條〕》(1732년)와 《히토리모노가타리〔獨物語〕》(1794년)는, 나라안 사람들에게 존경과 봉사를 명하고, 정치에 종사하는 자의 마음가짐에 관한 내용으로, 그의 정치사상과 정책 실행의 방침이 여실히 드러나 있다.

문운〔文運〕의 융성

쇼우케이왕〔尚敬王〕 시대를 중심으로 한 18세기는 오키나와 문화의 황금시대로 일컫는다. 17세기 중엽부터 18세기에 걸쳐 쇼우쇼우켄, 사이온이라는 뛰어난 정치가에 의한 오키나와 재건 정책이 효과를 발휘했으므로, 정치, 경제가 안정되고 문화의 발전, 운세가 왕성해졌다. 특히 두 정치가에 의한 적극적인 일본문화의 도입은 오키나와 문화를 발전시키는 커다란 힘이 되었다.

지나간 시대부터 집필하고 있던 《오모로소우시》 편집은 이미 전22권이 완성(1623년)되어 있었다. 이 시대들어 먼저 《츄우잔센칸〔中山世鑑〕》(1650년), 《츄우잔세이후〔中山世譜〕》(1701년), 《류큐고쿠유라이키〔琉球國由來記〕》(1713년), 《류큐고쿠큐우키〔琉球國舊記〕》(1731년), 《큐우요우〔球陽〕》(1745년), 등의 수사(修史) 사업이 이루어졌다. 그 외 이 시대에는 《이로우세츠덴

〔遺老說傳〕》《콘코우켄슈우〔混効驗集〕》《히몬키〔碑文記〕》《뇨칸오소우시〔女官御雙紙〕》《레키다이호우안〔歷代寶案〕》과 왕부의 여러 기록, 관청의 공식 문서, 규모장 등 실로 많은 기록이 만들어졌다.

수사(修史) 사업뿐만 아니라 일본학과 예능도 장려되었으므로, 호족을 중심으로 문예·예능·공예·미술 등이 비약적으로 발전했고, 차츰 민간, 지방, 외딴 섬으로까지 확대되어 사람들의 마음에 문화적인 윤택함이 스며들게 되었다. 지금 전해오는 오키나와 전통문화는 그 무렵에 길러진 왕조적 미의식을 토대로 한 것이 많다.

왕부 재정의 파탄

하지만 문화가 무르익는 동시에 사회의 구조적 모순도 점차 깊어졌던 시기이기도 하다. 사츠마에 의한 경제적 단속과 왕부 자체의 재정 파탄이 국가 경영을 심각하게 뒤흔들어 놓았다. 무역국가로서 기반을 완전히 잃어버린 18세기경의 국가 정세는 재정 파탄의 타개책은 내부에서 구할 수밖에 없었다. 부과된 인두세를 비롯하여 생산 농가에 가해지는 부담이 심해져갔다. 본래 생산력이 낮은 오키나와에서는 농촌이 늘 만성적 기아 상태였으므로 피폐해가는 농촌을 구제하지 못한 채 왕부도 쇠퇴해져갔다.

19세기 들어 왕부의 재정도 농촌의 피폐도 극도로 악화되어 갔다. 정치적으로 일본의 체제 속에 있으면서 소국가로서 자립해야 하는 실정은 바로 '병든 류큐 왕국'의 모습이었다. 그 무렵 동남아시아를 침식하고 있던 구미 제국의 세력은 서서히 오키나와에 개항을 요구하는 등, 안팎으로 복잡하고 다양한 문제를 안은 채 오키나와 역사는 근대를 맞게 된다.

근세까지 오키나와의 역사를 전체적으로 어설프게 훑었는데, 두 가지 역사의 획기적인 사건, 즉 1429년에 전체 섬이 통일되고 왕조가 성립하여 4백 년 왕조사가 시작된 점, 1609년 사츠마의 류큐 침입에 이해 왕국의 모든 면에서 변혁을 맞이한 것은 문화사에서도 충격적인 사건이었다. 특히 후자에 의해 오키나와는 일본 역사에서 볼 수 있는 중·근세적 사회가 충분히 성숙되지 않은 채 변화되었고, 또 외압에 의해 근대 사회를 맞이할 수밖에 없었던 특징을 보인다. 경제와 문화 의식 위에서 근세적인 탄력성을 갖지 못하고 다분히 고대적인 면을 끌어안은 채 근대 사회로 이행한 점에서 이후 오키나와 근대사가 크게 규정지어졌다고 생각한다.

류큐 처분과 메이지 현정(縣政)

통일국가로 편입

왕부 재정의 파경, 농촌의 피폐로 마침내 왕부의 병이 심각한 지경에 이르렀을 무렵, 본토에서는 막번 체제가 무너지고 메이지유신을 맞고 있었다. 정치·경제·문화를 강력한 중앙정부가 통제하는 근대국가에 새로 태어나려는 유신의 물결은 본토보다 몇 년 늦게 오키나와에도 찾아들었다.

메이지 국가에서 일본의 다른 지방과 같은 형태로 오키나와를 통일국가로 편입하기 위해, 그때까지 오키나와가 짊어지고 있던 역사적 특수성을 청산할 필요가 있었다. 먼저 근세의 류큐 왕국이 청나라의 책봉을 받아온 것을 수정하여 일본이 영유권을 행사하는 곳임을 확실히 해두었다. 그를 위해 류큐국을 류큐번(琉球藩)으로, 국왕을 류큐번왕으로 임명하는 조치(1872년)를 취했다. 한 해 전 종종 대만에 표류했던 미야꼬 주민 살해사건을 계기로 대만으로 출병(1874년), 그때 중국과의 외교 교섭으로 류큐인이 일본 국민임을 인정하게 만들었다.

계속해서 1875년초 류큐 사절을 상경하게 하고 내무대승(內務大丞) 마츠다 미치유키(松田道之)를 파견(6월)하여 청나라와 책봉 관계를 단절할 것을 알렸다. 이 조치는 1879년 무력을 배

류큐 왕부의 경하사절(慶賀使節)

경으로 슈리성 명도(明渡)로 종지부를 찍었다. 이른바 류큐 처분이다.

오키나와에서 폐번치현(廢藩置縣)은 정부에 의해 '류큐처분'으로 불렸다. 그 역사적 의미에 대해 당시 오키나와와 일본 사회의 역사적 자리매김의 방식에 따라 '침략적인 무력병합' '일종의 노예 해방' 등의 견해 차이를 낳았다. 그것은 '류큐처분'을 정점으로 하는 격동의 측면을 나타낸다고 생각하지만, 여기서는 그 뒤의 행보에서 두 가지 점을 지적하고자 한다.

류큐 처분의 특징

첫째, 류큐 처분 이듬해에 표면화된 분도 문제(分島問題)이다. 이것은 청나라에 대해 서구 물결의 최혜국 조항과 교환으로 미야코·야에야마를 할양하는 안건이었다. 청나라 측 승인하지 않아 결국 사라졌지만, 중앙정부에게 일본의 국익을 위해 변경 오키나와는 사정에 따라 잘라 버릴 수 있는 도마뱀의 꼬리같은 존재임을 증명한 사건이었다. 이것이 메이지 정부가 갖고 있던 오키나와에 대한 기본적인 사상이었다. 이 나쁜 사상이 남아 태평양 전쟁 이후 샌프란시스코 조약으로까지 이어지게 된다.

둘째, 옛 관습에 얽매이는 정책이다. 본토에서 일찍부터 실시된 토지조세 개정이 오키나와는 1900년대에 와서야 겨우 실시된 점을 보아도 알 수 있다. 메이지 정부의 눈은 옛 류큐 왕부 지배층의 동향에 관심을 쏟으며 그들을 구슬리는 일에만 노력했으므로, '급격한 개혁은 사람의 마음을 동요시켜 사회 불안을 초래한다'는 이유로 왕국시대의 여러 제도가 1900년대까지 그대로 방치되었다. 그 결과 피지배층은 왕국시대와 그리 바뀌지 않은 힘든 부담을 안고 살게 되었다.

현정(縣政)의 발자취

류큐 처분과 그후 현정(縣政)에서 국가의 통일적 의사를 변경까지 침투시켜, 마침내 국익을 우선시하는 메이지 근대국가의 본질이 결국 관철되었다 해도 메이지 이후 오키나와 정치는 결코 외길이 아니었다. 가령 2대째 현령(縣令) 우에스기 모치노리(上杉茂憲)가 작성한 현정 개혁을 위한 상신서(上申書)에는 오키나와의 현실을 냉정하게 관찰하고, 농민을 위한 시책을 강요하고 있다. 그러나 현대는 그와 같은 소수파의 의견에 휩쓸려 15년에 걸친 나라겐 현정(奈良原縣政)을 맞는다.

옛 사츠마번 출신인 나라하라 시게루(奈良原繁, 1838-1918年. 막부 말기부터 메이지시대에 걸쳐 활약한 일본의 무사, 관료, 정치가 사업가)는 1892-1908년까지 오키나와 현령(縣令)의 지위에 있었다. 이 시대에 정부는 옛 관습을 답습하고 있던 오키나와의 정책을 전환했다. 토지 정리를 비롯하여 여러 제도가 각 현 나름으로 정비되고 있었는데, 한편으로 현의 주요한 직책은 가고시마인(鹿兒島人)이 차지하고 있었고, 상공업의 측면에서도 가고시마인이 독점적 권익을 장악, 오키나와 출신은 현의 정치·경제 활동에서 후퇴해 있을 수밖에 없었다.

류큐 처분 이후 끈질기게 강요받아왔던 중앙적인 것에 혼란과 위화감을 금할 수밖에 없었던 오키나와 사람들 사이에서 확실한 사회적 피차별감이 정착되게 되었다고 생각한다.

근대로 향하여 눈뜨다

자하나 노보루〔謝花昇〕와 민권 운동

우에스기〔上杉〕 현령 때 파견된 최초의 유학생으로 도쿄로 유학한 자하나 노보루는 현청의 농업기사로 현정 개혁에 힘썼다. 그러나 소마야마〔杣山, 근세 이후 왕부의 조림정책에 의해 보호해온 삼림〕 불하 문제와 토지 정리를 둘러싼 나라하라〔奈良原〕 지사와 대립하여 결국 일에서 물러날 수밖에 없었다.

유학 시절, 나카에 조민〔中江兆民, 메이지 자유민권 운동의 지주〕을 따랐던 자하나는 오키나와에 자유민권사상을 불러일으킨 자로 알려져 있다. 현청을 사직한 후 '오키나와 구락부'를 결성하고 기관지《오키나와시론》에 의거하여 민권 운동을 전개했다. 아직 새로운 사상에 눈뜬 동지들은 적었고,《오키나와시론》의 비합법화 등으로 압박을 받아 발광해 버린다. 나라하라〔奈良原〕 현정으로 대표되는 권력의 압박과 아직 미명에서 깨어나지 못한 사회의 좁은 틈 사이에서 고민했던 메이지 오키나와 지식인을 상징하는 생애를 살았다.

이하 후유우〔伊波普猷〕와 오키나와학〔沖繩學〕

자하나 노보루가 나라하라〔奈良原〕 지사와 대결하던 무렵, 나중에 '오키나와학의 아버지'로 불리는 이하 후유우〔伊波普猷, 1876-1947. 학자, 계몽가. 평생 오키나와 연구〕는 중학교에서 교장 배척 스트라이크 사건의 와중에 있었다. 이하 등의 스트라이크는 교장에게 구현되었던 당시의 교육 행정, 요컨대 나라하라 현정에 대한 반항이기도 했다. 그 의미에서

자하나 노보루〔謝花昇〕

보면 메1890년대 비로소 눈뜨기 시작한 오키나와 현정의 권리 의식의 고양을 배경으로 한 것이며, 자하나의 자유민권사상으로 연결되었다고 할 수 있다. 자하나는 정치의 장에서 민권을 주장했는데, 이하〔伊波〕는 그것을 학문의 장으로 옮겨갔다고 해도 좋을 것이다. 적어도 당초 이하 후유우는 학문에 대한 의지가 오키나와인으로서 권리 의식의 고양과 관계가 있었다고 할 수 있다.

단 이하 후유우는 오키나와를 깊이 있게 연구함에 따라 학술적인 의미의 중요성을 자각했으며, '오키나와'라는 지역문화의 총체를 연구하려는 목적 의식을 명확히 하고, '오키나와학의 체계화'(《古琉球》 개정 초판, 1942년)를 지향하게 된다.

소철 지옥〔そてつ地獄〕

옛 번 시대부터 지속되던 농촌의 피폐는 현 당국의 그럴싸한 시책도 없이 개선의 조짐을 보이지 않았는데, 오키나와의 경제는 1920년대 초기 설탕 거래의 폭락 등으로 결정적인 파경을 맞이하게 되었다. 이 무렵부터 1920년대 중기에 걸쳐 현민(縣民) 생활의 궁핍한 상황은 '소철 지옥'으로 불린다.

오키나와현은 메이지 이후 수확한 국세에 비해 시책을 위해 지출된 국비(國費)가 적다. 말하자면 지불 초과라 할 수 있는데, 1920년대 중반은 그 액수가 3천4백만 엔에 달해 있었다. 정부는 현민에게 국고에 대한 지불 초과를 당해 연도 진흥재원에서 충당하라는 산업진흥 15개년 계획을 입안하여 1933년부터 실시했다. 하지만 이 계획 역시 전쟁으로 인해 중지되었다. 경제적으로 급박한 사회 상황 속에서 오키나와의 사회주의적인 사상이 새롭게 싹트고 있었다.

국가주의의 침투와 군국주의에 대한 내리막

교육의 보급과 국가주의

메이지 국가가 추진한 부국강병책에 의해 오키나와에도 일찍부터 징병제가 실시되었는데, 나중에 오키나와에 있어서 중요한 의미를 갖게 된 것이 교육의 보급과 국가주의 침투 정책이다.

본래부터 독자적인 문화와 풍속 습관을 갖고 국가 의식이 희박했던 오키나와에서 다른 여러 개혁의 선구로서 강력하게 추진된 것이 초등교육의 보급이다. 취학율은 1880년, 2퍼센트였던 것이 1887년에는 6.7퍼센트, 1897년에는 36.7퍼센트, 1907년에는 92.8퍼센트에 달했다. 급속하게 교육이 보급되는 것으로 알 수 있듯이, 교육 보급이 강조한 내용은 지방적인 것의 부정이었다. 특히 표준어의 보급과 방언의 금지에 고심했고, 악명 높은 방언투가 그 소산이다.

그 철저한 국가주의적 정책과 오키나와 사람들의 사회적 뒤처짐에서 빨리 빠져나가야겠다는 초조함이 이윽고 태평양 전쟁에 휘말린 오키나와의 비극을 더욱 심각하게 증폭시켰음을 잊지 말아야 한다. 그 전조라 할 수 있는 것이 방언 논쟁이다.

방언 논쟁

이것은 1940년 오키나와문화 연구를 목적으로 섬으로 온 일본민예협회의 동인들이 현을 다스리는 방침으로 표준어 권장운동이 행해지고 있는 것을 비판한 것에 관해, 현(縣) 학부모와의 사이에서 벌어진 논쟁이다. 한쪽은 표준어 운동이 방언을 야만시하는 행위로 보았다면, 다른 한쪽은 방언을 찬미하는 것은 오키나와겐을 애완하고 있는 것이라 주장하며, 연일 지면을 떠들썩하게 장식하며 당시 사회의 비상한 관심을 불러일으켰다.

여기서 후진성을 불식하려는 '오키나와' 스스로의 주체적인 사유와, 중앙 국가주의의 침투라는 두 가지 측면을 생각하게 한다. 중요한 점은 후진성에서 탈피하려는 오키나와 주체의 초조와 우려가 국가주의를 침투시키기 위한 절호의 조건이 아니었을까 하는 점이다. 이 사건은 언어문제뿐만 아니라 널리 사회와 문화의 문제에도 적용된다고 할 수 있다.

전쟁 체험과 평화 사상

오키나와전〔沖繩戰〕

태평양전쟁 말기 오키나와는 일본 국내에서 유일한 지상전의 독무대가 되었다. 1945년 4월부터 약 3개월간 일본군인 9만 4천, 오키나와 주민 9만 4천, 미군 1만 2천이 전사한 세계 전쟁사에서 가장 격렬한 전투였다. 오키나와는 '본토 방어의 사석(捨石)'이 되었던 것이다.

오키나와전에 대해 수없이 다루어졌지만, 아직도 사망자의 수는 새로 고쳐 쓰여지고 있고, 한 사람 한 사람, 바위틈 하나하나, 풀 틈 곳곳에서 전쟁의 상흔이 남긴 온갖 고통과 아픔을 말해 주지 않는 곳이 없다. 그 체험은 근대국가의 군대는 인간과 생활을 지키는 것이 아님을 오키나와 사람들의 마음에 강렬하게 새겨졌다. 이 생생한 체험은 전후 오키나와 사람들의 행동에 방향성을 제공하게 된다.

점령 행정과 복귀 운동

패전의 혼란과 허탈로 현민이 새로이 '시마마도이'(고향을 잃어버리는 것)에 빠져 있을 무렵, 미군은 '일본제국 정부의 모든 행정권 행사를 정지한다'는 닉슨 포고에 의거하여 오키나와 직접 지배를 사실화했다. 군인에 의한 점령 행정이 어느 틈엔가 국가적인 의사와 맞물려 오키나와의 기지화를 강화해가는 모습은 불행한 전쟁을 체험한 오키나와 사람들에게 바로 악몽의 재현이었다.

그와 같은 점령 행정과 기지화라는 상황에서 겨우 눈뜨기 시작한 현민은 미군의 오키나와 지배에서 벗어나기 위해 조국 일본에 대한 복귀 운동을 시작하게 된다. 1950년 9월에 발표된 '대일강화 7원칙'에는 오키나와를 일본에서 분리 결정이 이루어지고, 현민은 그 점에 약간 동요했다. 결국 그것이 계기가 되어 1951년 4월 29일에 섬 전체적인 일본 복귀 촉진 기성회가 결성되고, 복귀 운동의 횃불을 올리게 된다. 나아가 현민의 의사를 무시한 샌프란시스코 조약이 1952년 4월 28일에 발효되자, 복귀 운동은 마른 들판의 불길이 이는 것처럼 확대되어 갔다. 미군의 탄압도 심해졌지만 그 이상으로 현민 운동이 더욱 증대되는 양상을 보였다. 탄압과 저항의 결렬한 투쟁을 반복하면서 1972년 5월 15일 마침내 복귀 운동의 비원(悲願)이 관철되어, 오키나와는 27년만에 조국 일본으로 복귀하게 되었다.

평화를 찾다

오키나와의 조국 복귀 운동이 활발하게 진행되어 그 실현이 눈앞에 다다른 무렵, 본토에서는 70년 안보 투쟁 이후의 허탈 때문인지, 평화헌법의 공동화(空洞化)를 부르짖으며 평화사상을 오키나와의 복귀 운동에서 배우는 일이 반복되던 시기였다.

전쟁을 경험하고 평화를 바라는 마음을 사상화하며, 늦었지만 평화헌법 아래로 돌아가려는 오키나와 현민과 중요한 평화헌법을 공동화의 위기에 내던져두고 있던 일본 본토의 사상적인 오차에서 '근대화'라는 것의 의미의 심연을 들여다보게 한다.

전쟁의 무의미함을 피부로 절실히 체험했던 오키나와 사람들에게 "옛날부터 평화로웠던 오키나와의 이 아름다운 하늘을, 이 푸른 바다 위를 전투기 한 대도 날게 하고 싶지 않다. 전쟁으로 연결되는 모든 것을 거부한다. 24만 명의 영령의 피가 묻어 있는 이 섬을 평화를 구축하는 원점으로 삼고 싶다"(나카소네 마사요시(仲宗根政善, 1907-1995. 언어학자, 류큐방언학자), 《ひめゆりの塔をめぐる人歸の手記》서문)이라는 생각이 절실하다.

오키나와 근대사와 전쟁 체험 및 평화사상의 문제에 대해 꼭 말해야 하겠지만, 각각에 대해 이미 많은 글도 있으므로 여기서 마치기로 한다.

정치면에서 류큐 처분으로 시작된 오키나와의 근대는 분도 문제(分島問題), 샌프란시스코조약에 의한 오키나와 포기, 현재 군사기지화에 이르기까지, 이 모든 것들이 일본의 국익을 지키기 위해 역사의 전면으로 내세운 오키나와 섬의 운명이었다.

그러나 오키나와를 문화적인 전망 속에서 다시 재평가해 보면, 그곳에는 오키나와의 다른 얼굴이 있다. 그것을 다음 장에서 이야기하고자 한다.

제2장

오키나와의 언어와 문화

나하시〔那覇市〕 슈리의 염색공방

일본어 속의 오키나와어

오키나와어의 범위와 분류

일본어학에서는 일본어를 본토 방언과 류큐 방언으로 구별한다. 류큐방언이란 아오미, 오키나와, 미야코, 야에야마의 네 섬에서 사용되고 있는 방언을 가리킨다. 류큐 방언은 섬마다 혹은 마을마다 다르다고 할 만큼 다양한 언어군이 있고, 그 복잡함은 본토 방언에 비유할 수가 없다.

본토 방언은 혼슈〔本州〕의 중앙부에서 동측을 동부 방언, 서

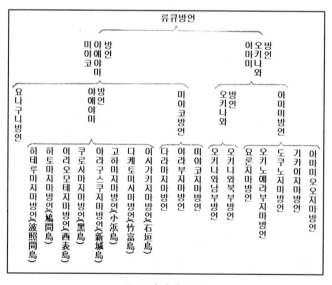

류큐 방언의 분류

측을 서부 방언이라 하며, 큐슈 방언과 합쳐 세 그룹으로 나뉜다. 이 방언들은 상호 커뮤니케이션이 가능하다. 그런데 류큐 방언은 아오미, 오키나와, 미야코, 야에야마의 언어가 각각 통하지 않고 의사소통면에서조차 문제가 크다. 류큐 방언을 사용하면 이들 지역의 인구는 1백17만 명 정도로, 본토 방언 지역의 1억 명에 비해 압도적인 차이가 나지만, 류큐 방언 속에는 일본어의 조상이 되는 언어의 옛 모습이 들어 있거나, 독자적인 변화가 일어나 언어학의 입장에서 보면 대단히 귀중한 존재이다.

오키나와어의 역사적 흐름

오키나와어의 흐름에 대해 나는 다음과 같이 생각한다. 역사적 출발을 대략 2,3세기에서 6,7세기경까지, 11,2세기경 방언화로 기울어졌고, 13세기경 오키나와어와 문자로 접촉, 15세기 말경 문자에 의한 표기법이 확립, 15,6세기에 문헌시대로 들어간다.

이것은 핫도리 시로〔服部四郎, 몽골어 · 한국어 · 일본어 비교연구의 세계적 권위자〕에 의한 언어연대학적 연구와 오모로어를 중심으로 하는 고어의 비교 연구, 가까운 과학적 연구 성과를 채용하면서 행한 가설 작업이다. 이러한 수단으로 찾아낸 범위로는 바야흐로 2,3세기부터 6,7세기경에 걸쳐 일본어의 조상이 되는 언어에서 본토로 확대해간 일본어와, 큐슈를 거쳐 남쪽 섬으로 건너와 오키나와로 갈라졌다는 식으로 생각한다.

오키나와의 문헌에 나타난 오키나와의 역사는 14,5세기경부

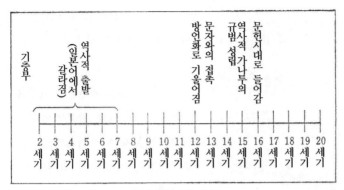

오키나와어의 흐름

터 그 이전 오키나와사는 대부분 공백이다. 그러나 7,8세기경 일본과 중국의 문헌에 조금씩 그 모습을 보이고 있다. 5,6세기에는 아마베〔海人部〕집단의 민족 이동에 의한 역사의 서광이 보이는 듯했다. 고기잡이와 벼농사를 중심으로 한 오키나와의 역사는 그 무렵부터 태동했다고 보아도 좋을 것이다. 11,2세기경에 걸쳐 아지로 불리는 족장적인 성격을 지닌 인물이 등장하기 시작, 13세기부터 14세기에 걸쳐 아지 중의 아지, 혹은 요노누시(세상의 주인)로 불리는 정치적 지배자가 등장한다. 즉 역사상 비로소 실재했던 것으로 확인되는 에이소왕〔英祖王〕의 등장이 13세기이다. 에이소시대와 다음 삿토〔察度〕시대는 교역이 성행했고, 철의 수입에 의한 농기구의 개혁도 진행되어 농업 생산도 비약적으로 발전했다고 생각한다. 그러한 사회적인 움직임, 역사의 움직임이 언어를 조금씩 밀고가는 힘이 되었다고 생각한다. 요컨대 11,2세기경이 되어 오키나와의 언어는 비로소 '방언화로 기울기' 시작한 점에서, 그때까지는 일본어와 오

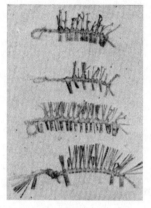
바라잔

키나와어는 거의 동일하던가, 그에 가까운 모습을 갖추고 있었다고 생각한다.

13세기 중엽, 1265년에 젠칸(禪鑑)이라는 승려가 일본에서 불교와 함께 문자를 오키나와로 가져오게 된다. 이것이 오키나와어와 문자의 최초 접촉이다. 실제로 문자를 활용하게 된 것은 그로부터 약 1백 년 지난 후부터 1372년에 오키나와에서 처음 중국에 진상했을 때의 표문(表文)이 가토몬(科斗文)으로 전해지고 있다. 가토(科斗)라는 말은 올챙이란 뜻으로 그것은 일본의 히라가나로 일컬어지고 있다.

14, 5세기 오키나와 역사는 아지들에 의한 세력 다툼으로 점철된 동란의 시대인데, 1429년 마침내 섬 전역을 제압하고 통일 왕조가 탄생한다. 15세기부터 16세기 중엽에 걸쳐 왕국의 성립과 국력의 충실로 문화 번성기를 맞이하게 된다.

그 무렵이 되면 오키나와의 언어와 문자가 금석비문 등에 새겨져 확실하게 볼 수 있다. 이것은 오키나와 언어의 역사를 내부에서 파악하는 데 최초의 확실한 증거이다. 일본 본토에도 붓소쿠세이카(佛足石歌, 8세기)처럼 돌에 새겨진 일본어가 결정적인 증거가 되기도 하는데, 오래된 오키나와어도 묘석에 새겨진 묘비명이나 석관에 기록된 비문으로 모습을 드러냈다. 잇달아 모습을 드러낸 때가 15세기말부터 16세기초이다. 1494년에

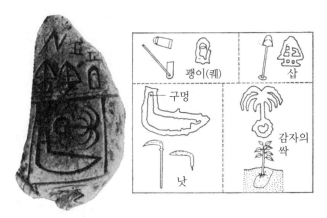

노구니 쇼유칸〔野國總管〕의 묘 부근에서 발견된 석각 그림문자
(구마모토〔態本〕 시립박물관 소장)

'오로쿠오오야쿠모이의 석관명,' 1501년 '다마오톤노히노몬,' 1523년 '다나〔田名〕문서'(왕부의 사령서) 제1호, 그리고 《오모로소우시》 제1권 41수의 편찬 완성이 1531년이다. 이 무렵 오키나와에 문자 문화가 정착하고 성행했음을 엿볼 수 있다.

17세기 초기가 되면 《오모로소우시》 전22권이 완성되고 1천 5백54수의 오모로 속에 풍부하고 선명하게 당시 오키나와의 언어가 기록되게 되었다.

한편 오키나와에는 한자와 가나와 달리 그림, 바라잔〔薔算〕, 스튜마, 가이다디, 야판 등으로 불리는 그림과 기호가 문자로 바뀌는 역할을 하며 사용되었다. 그림은 돌에 새겨진 그림문자가 있는데 그것이 주술적인 의미였는지 의지 전달을 위한 그림인지 아직 잘 알 수 없다. 바라잔은 고대 페루의 쿠에프와 같이 결승(結繩, 매듭)을 맺어 수량을 나타냈고, 오키나와 본도와 미야코, 야에야마에 보인다. 스튜마는 ㅡ·ㅇ·△ 등과 같은 기호

a		더러움	돌	노래	어깨	풀	먼지	기(機)
i	도쿄	aka	iʃi	uta	kata	kusa	tʃiri	hata
u	나하	aka	iʃi	uta	kata	kusaּ	tʃiri	hata

류큐 방언에서 e가 I로 변화한 어형

e		비	쌀	열매	손	배
↓	도쿄	ame	kome	sane	te	ɸune
i	나하	ami	kumi	sani	tiː	ɸuni

류큐방언에서 o가 u로 변화한 어형

o		띠	구름	마음	천	밤
↓	도쿄	obi	kumo	kokoro	nuno	joru
u	나하	uːbi	kumu	kukuru	nunu	juru

모음삼각형

오키나와어의 특징적인 음운

로 수량을 나타내며, 오키나와 본도에서 사용되었다. 스튜마와 비슷한 것이 오나구니지마〔与那國島〕, 다케토미시마〔竹富島〕 등에서 가이다디로 불리며 사용되고 있다. 야판은 집안의 성을 대신 써서 사용한 것으로, 야판, 다한으로 불리며, 이시가키지마〔石垣島〕, 다케토미시마, 오나구니지마 등에서 사용되고 있다.

그림, 결승(結繩), 기호 등은 문자가 아니므로 한자와 가나와 구별되어야 한다. 하지만 나는 그림문자, 결승문자, 기표(記標) 문자로 칭하며 문자문화에 다다르기까지의 전단계인 '비문자 의 문자'로 파악하고 있다. 단, 바라잔, 스튜마, 가이다디, 야 판은 문자가 사용된 후까지도 문자와 병용되었으며, 문자문화 의 보조 수단으로 사용되었다. 오키나와라는 지역 사회에서 문 자가 사용된 하나의 측면이다.

오키나와어의 특징적 음운 변화

오키나와어는 11,2세기경부터 방언화로 더욱 기울어지며 독자적인 길을 걷기 시작했다고 앞에서 서술했다. 13세기에 가나 문자가 전해진 이후 야마토의 승려와 오키나와 지식인들의 고심으로 15세기 말경에는 거의 성숙된 표기법이 확립되게 된다. 특히 《오모로소우시》의 표기법은 일본어의 역사적 가나 표기법을 기본으로 하면서 오키나와어의 독자적인 변화를 투영한 표음적 가나 표기법을 포함하고 있으며 1531년 《오모로소우시》 제1권의 성립 이전에 표기법의 규범이 생겼던 것으로 보아야 한다.

그와 같은 표기법을 전제로 하여 음운의 문제를 생각해 보면, 오키나와어 본래의 특징적인 음운 변화는 5모음에서 3모음으로 변화이다. 현대 오키나와어에는 a·i·u·e·o 5모음 가운데 e는 i로, o는 u로 이해하고 있으므로 50음도 중 エ열(列)은 イ열(列)로, オ열(列)은 ウ열(列)과 겹치게 된다. 예를 들어 고메(쌀)는 구미, 고코로(마음)는 쿠쿠루라 한다(앞의 도표 참조).

이러한 변화는 언제쯤 일어났을까 하는 점이 문제가 되는데, 나는 문헌시대로 들어오기 직전(15세기 말경)에는 상당한 정도까지 3모음화 현상이 진행되었을 것으로 생각하고 있다. 《오모로소우시》를 시작으로 하는 당시 오키나와 측의 문헌을 보아도, 또한 《유구관역어(琉球館譯語)》(15세기 초경·중국), 《어음번역(語音飜譯)》(1501년·조선) 등 같은 연대의 외국어에 쓰인

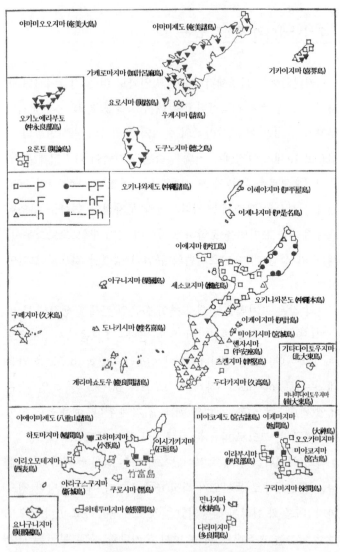

八행(行) 자음(P·F·h) 분포도
(平山輝男, 《류큐 방언의 종합적 연구》에 따라 만듦)

류큐어 자료를 보아도 확실하게 알 수 있다.

이러한 모음의 변화는 몇 가지 자음의 변화도 낳았다. 특히 모음 i의 영향을 받은 자음의 구개음화 현상이 두드러진다. 예를 들어 가키(垣)는 가치, 키누(옷)는 친, 가키오루(쓰고 있다)는 가츄은, 키오루(오고 있다)는 츄은이 되는 예이다. 그것은 3 모음화에 의해 겹쳐버린 ㅗ열(列)과 ㅣ열(列), ㅐ열(列)과 ㅇ열(列)의 음에서 희미한 구별 의식이 작용하기 위한 하나의 변화라 할 수 있다.

이것은 오키나와어가 독자적으로 변화한 특징인데, 반대로 일본어의 오래된 자취를 남기기 위한 특징도 찾아낼 수 있다. 예를 들어 하나(꽃)는 현재도 지역에 따라 파나, 화나, 하나로 발음되는 등, ハ행(行) 자음 P · F · h가 분포되어 있는 점과, タ행(行) 자음 t가 그대로 살아 있는 점 등 고대 일본어의 잔조(殘照)로 받아들일 수 있다.

류큐 방언의 특징으로 음운 이외에, 어두의 모음과 반모음 직전에 후두파열음이 나타나는 유기음과 무기음의 대립이 나타난다. 문법과 어휘면에서 변화하는 특징적인 모습을 파악할 수 있는데 여기서 두세 단어를 예로 들기로 한다.

오키나와어가 전하는 옛 일본어

'고멘구다사이(실례합니다)' 라는 인사말을 오키나와에서는 '챠비라' 라 한다. 이 챠비라의 어원은 '키 · 하베라' 이다. '하베루' 는 헤이안(平安)시대의 일본어이다. 일본에는 헤이안기에 성행했던 '하베리(…이옵니다)'가 가마쿠라기〔鎌倉期〕로 오면 점점 쇠퇴하고 '소우로우('있다'의 겸손한 말)로 바뀐다. 오키나와에서는 그 '하베리'가 들어와 상당히 사용되었지만, 어찌된 일인지 '소우로우'는 사용되지 않았다.

'키·하베라'는 히하베라 → 치하베라 → 치아베라 → 치아비라 → 챠비라라는 변화를 보인다. 이 '하베라'는 오모로어와 쿠미오도리어〔組踊語〕속에서 '우치**야베라**' '고츠**야베라**' '아마에**야베라**' '호코리**야베라**' 등 '야베라'라는 표기로 사용되고 있다.

일반적으로 오키나와어의 '이미소레'(들어오세요), '멘소레'(어서오세요)의 '소레'는 '소우로우'가 아닐까 생각하기 쉽지만 그것은 잘못이다. 이미소레의 원형은 '이리메시오와레,' 멘소레는 '마이리메시오와레'이지 '이리소우로우에' '마이리소우로우에'가 아니다. 이미소레는 이리메시오와레 → 이리메소레 → 인미소레 → 이미소레로 변화, 멘소레는 마이리메시오와레 → 마이리메소레 → 마이리미소레 → 멘소레라는 변화를 보이고 있다.

앞서 서술한 것처럼 오키나와어에서 '소우로우'는 미숙하며 '하베리'가 강세이다. 그것은 오모로어와 쿠미오도리어〔組踊語〕를 보면 잘 알 수 있다. 다만 에도시대 이후가 되면 공식문서 속에 '-니테소우로우'라는 소우로우라는 말이 들어온다. 이것은 사츠마를 통해 들어온 문서용어이며, 오키나와의 일반적인 생활어 속에 '소우로우'는 들어 있지 않다.

사카〔坂, 비탈〕는 오키나와어로 '히라'라 한다. 일본고어에

는 '요모츠히라사카'처럼 '히라사카'라 했다. 오키나와어에 '히라'가 일본어에 '사카'가 남아 절반씩 서로 나뉘게 된다. 또 오키나와에서 '障子(미닫이)'를 '아카이'라 하고 본토에서는 '쇼우지'라 한다. 그런데 헤이안 시대에는 '아카리소우지〔明り 障子〕'로 이것 역시 절반씩 서로 나눠 갖고 있다. 요컨대 나눠 갖고 있는 두 개의 단어를 합친 것으로 일본어의 옛 자취를 다시 구성할 수 있다.

그 외에 가마쿠라 무사들이 무구(武具)로 썼던 '하츠부리'가 오키나와로 건너와 어느 틈엔가 어린이의 장난감이 되어 '하치부라'로 불리게 된 말, 나라시대 이전에 사용되었던 대명사 '아' '아레'가 오키나와의 오모로어와 미야코의 고요어(古謠語)에 투영되어 있는 등, 이본 고어와 오키나와 고어의 연결을 더듬어 가면 무수한 사례가 나온다.

이처럼 오키나와어를 개별적으로 분석해 보면, 나라시대보다 훨씬 오래된 일본어를 전하고 있는 점, 나라〔奈良〕, 헤이안〔平安〕, 가마쿠라〔鎌倉〕, 무로마치〔室町〕, 에도〔江戶〕로 시대를 달리하면서 전해지고 있으며, 일본어와 오키나와어의 관계는 역사적으로 부단한 접촉·전파가 있었음을 엿볼 수 있다.

오늘에 살아 있는 오키나와어

오랜 역사와 문화를 다양하게 짊어지면서 지금에 전해온 '우치나구치,' 즉 오키나와 방언은 사회 구석구석에서 살아 숨쉬며 사람들의 생활 감정을 여실히 보여준다. 그것을 과감히 방송이라는 매체에 실어 뿌리깊은 지지를 얻고 있는 것이 민족 라디오의 '방언뉴스' 프로그램이다. 전파를 탄 지 10여 년 이상이 되어 상당히 많은 사람들에게 친숙해져 있다. 한 예를 들어 보자.

● 방언뉴스(1985년 11월 6일 방송)

"츄우가나비라 니지누 호겐뉴스 운누키야빈. 이시가키신카이 알 반나다키누 신린코엔세이비케이카쿠누나카누 티치투시티 쿠리카라치쿠티이츄르 쿠툰카이나톨 치리바시니치티누 우하나시 운누키야빈. 우레 이시가키다무누 윔틴카이 나기누 햐쿠이 치메토르아르 치리바시 카키루쿠툰카이나티 아키티누 산구치니 무루스비나이루쿠쿠루지무이 소이빈. 켄누 야이야마도보쿠지무쇼우토테 쿤두치쿠이루 하시누나투 하시누일 누이로 마시가얀리이치 우만츄누 쿠키치츄루 쿠툰카이 나토이비쿠투 나 챠누후진카이가 키마이가타누시미니 쿠쿠루마치 소이빈. 우치나우토테 하지미티누 치리바시야이빈. 치리바신카이히체루 이타투 이타투누 에다 쿠텐나아키티 하시누히챠누미지누 운다리루 구투 칸게티 츄쿠라톤디루 쿠투야이빈."

"안녕하세요. 2시의 방언 뉴스를 말씀드리겠습니다. 이시가키시 반나 산의 삼림공원 정비 계획 중의 하나로, 앞으로 조성되기로 되어 있는 현수교에 대해 말씀드리겠습니다. 그것은 이시가키 댐 위쪽에 길이 1백1미터인 현수교를 설치하게 되며, 오는 내년 3월에 완성될 예정입니다. 현의 야에야마 토목사무소에는 이번에 설치하는 다리의 이름과 다리의 색은 어떤 색이 좋을지

사람들의 의견을 수렴하고 있으며, 어떤 식으로 결정할지 즐거운 마음으로 기다리고 있습니다. 오키나와에서 처음으로 만들어지는 현수교입니다. 현수교에 깔게 될 판과 판 사이는 조금씩 간격을 두어 다리 밑의 물이 보이게 하려는 생각으로 만들고 있습니다."

그날의 뉴스를 방언으로 들으면 꽤 이상한 느낌이 든다. 아마 오키나와겐에서만 볼 수 있는 방언뉴스일 것이다. 듣는 사람에 따라 '방언뉴스'에 야마투구치(표준어)가 섞여 온전한 우치나구치는 아니라는 비판도 있지만, 우치나구치와 야마투구치를 섞지 않으면 표현할 수 없는 것이 지금 언어의 현실이므로, 그것이 현대 사회에 살아 있는 새로운 우치나구치가 아니겠는가 하는 언어 인식을 가져야 할 것이다.

어찌 되었건 방언으로 뉴스를 보도하는 오키나와의 지역 사회는 그 나름의 독자성을 갖고 있다. 표준어에 의한 근대화를 쟁취하면서도 언제까지고 어머니인 언어 우치나구치가 마음 밑바닥에 살아 남아 있을 것이다. 새로운 우치나구치의 방향성은 끊임없이 실험적으로 시도되기를 바란다.

문학에 보이는 방언적 실험

섬을 나와 방랑하며 고통 가운데 절개를 지키며 세월을 보내던 야마노 구치바쿠[山之口貘]가 10여 년 만에 전후 오키나와로 귀향했을 때를 읊은 '총알 쏟아지는 섬'이라는 시가 있다.

섬의 땅을 밟는 순간

'간쥬이' 하고 인사하는 순간

예 덕분에 별고 없으시지요라며

섬 사람은 일본어로 말을 건넨다

향수는 약간 당혹스러워져

'우치나구치마던 무루

이크사니 삿타르바스이' 라 하니

섬사람은 쓴웃음지으며

오키나와어는 잘하시는군요라 하네

(《야마노 구치바쿠〔山之口貘〕 전집》 제1권에서 思潮社 간행)

　향수에 젖어 주고받는 인사말에서 당혹해하는 그 특유의 해학이 담겨 있다. 하지만 여기서 그 이전 구치바쿠가 별로 사용하지 않았던 '우치나구치'가 분명하게 쓰여지고 있고, 그 자신의 마음 속에도 섬의 언어가 선명하게 숨쉬고 있는 듯하다.

　이러한 방언에 의한 표현은 시가(詩歌) 분야에서 일찍부터 시도되어 왔다. 전쟁전(1932년 8월 25일)에도, 이시가와 마사미치〔石川正通〕는 다음과 같은 방언을 시로 읊었다.

'부모님을 위로하다' — 나하 방언시

나하 시쵸우 사와가치　　　나하 사거리의 소동

슈리 미후이라우쿠치　　　슈리 삼평등 발생

우소누우소사쿠이루우수나　소문의 소문을 만드는 소문 속에

칸카이

다타콘마틴	단단히 쳐넣어도
시로야	지로우는
인오우부츠누구토	인왕불처럼
간죠우산도사이	건장하고 건강하군요.
스사이	아버지
디사이쿠누사케	어찌된 일이지요 이 술은
안마사이	어머니
나치미손나케.	울지 마세요.
마카부츠누구토루	마카 부처님 같은
도치카메티	처녀를 물색하여
오야코우코우스사사이	효도하겠습니다
마사루사부로타마시마데이	죽은 사부로의 몫까지
와가	제가
칸나지코우코우슨도.	반드시 효도하겠습니다.
마춘	마츄도
이료우후모쵸세	좋은 남편을 기다리고 있어요
우에카누챤	친척들도
우데키로톤	생길 테고
완도우신	저의 친구들도
는나오키나와누다카라	모두 오키나와의 보물이에요.
이시카와누이에누	이시카와의 집이

사카란우츄미	번창하지 않겠어요
스사이	아버지
하나키츠쿠테	꽃나무를 심으시고
타우치오라치	싸움닭의 싸움을 붙이며
호요웃시	한가로이 지내세요
도간쵸우사소미소료	몸 건강하셔야 합니다
안마사이	어머니
카미아치넨	날품팔이도
도코산구토	많이 하지 마시고
라쿠시미료	즐겁게 사셔요
젠노	돈은
와가카키사	제가 벌겠습니다
느라안세	그러면
도콘지	도쿄로 가서
벤쿄유가나	공부하면서
하타라치	일해
얀누나츠네	내년 여름에는
젠오호쿠	돈을 많이
못치코이사이	가져오겠습니다
토	자

훈야마토무카톤	바람도 야마토로 불고 있네
나민시즈마톤	파도도 잠잠해졌다네
아챠누	내일
데지부네	배가 항구를 떠날 때는
안라긴다텐아티	튀김을 가득 싣고
츄긴죠도나리	가까운 이웃
우에카누챠시테	친척분들과 함께
야후미카치	집을 화려하게 꾸미고
카리유시키토치미소리요.	카리유시를 기원하십시오.

방언시라 칭하며 우치나구치(오키나와어)로 쓴 이 시는 독특하다. 이시가와 마사미치가 태어나고 자란 나하 거리의 나하구치(나하어)가 자유자재로 구사되어 있다. 오키나와를 떠나야만 했던 당시 이시가와의 괴로운 처지와 심정은 절절했던 것같다. 그러나 그것이 나하구치라는 언어(방언)에 새겨 이시가와 나름의 유머를 담아 교묘하게 표현되어 있다.

야마노 구치바가 의도적으로 되살린 우치나구치에 비하면 이시가와 마사미치에 의한 방언시 우치나구치는 사상과 언어가 한데 묶여 있는 살아 있는 우치나구치라 할 수 있다. 방언에 의한 새로운 문체 탄생의 가능성을 찾는다면 여기서 하나의 시점을 찾아야 할 것이다.

전후가 되어 방언을 문학작품 속에 담으려 한 사람으로 오시로 다츠히로[大城立裕]가 선구자였다. 오시로는 초기의 작품인 《역광 속에서[逆光のなかで]》(1956년), 《이세(二世)》(1957년)

등에서 거의 방언을 사용하지 않았고, 《봉병대(棒兵隊)》(1958년) 역시 말의 발음과 표현 속에서 약간 오키나와적인 분위기를 엿볼 수 있는 정도이다. 그것이 《구갑묘(龜甲墓)》(1959년)로 오면, 아주 적극적이고 자발적인 문체로 방언과 방언적 표현을 사용한다. 게다가 《구갑묘》에는 '실험방언(實驗方言)으로 쓰여 있는 풍토기'라는 부제목이 붙어 있으며, 오시로가 소설 속에 방언을 담으려 한 의지를 곳곳에서 읽어낼 수 있다.

오시로가 말하는 '실험 방언'은 오키나와의 현대 문학을 강력하게 자극했다. '방언' 사용의 문학적인 의미, 언어와 사상의 관계에 대해 오키나와 사람들을 뒤흔드는 계기가 되었다. 자극을 받은 시모타 세이지〔霜多正次, 1913-2003. 소설가〕와 히가시 미네오〔東峰夫, 1938-. 소설가〕 등은 그후 작품에 적극적으로 방언을 사용했다. 히가시 등은 오시로와 시모타가 방언이 지닌 뉘앙스를 작품의 '대화문'에서 살리려고 시도한 데 반해, 아무 꺼릴 것 없이 '지문'에까지 방언을 사용하고 있다.

히가시와 같은 새로운 문체의 시도를 그대로 진행시킨다면, 극단적으로 '지문' '대화문'을 포함하여 모든 방언에 표현한다, 표현할 수 있다는 가능성이 생겨난 셈이다.

사실 실제 작품을 시도했던 젊은이들 사이에서 혹은 '오키나와'를 주체적으로 주장하려 한 사람들 사이에서 오키나와를 방언으로 생각하고, 방언으로 말하고, 방언으로 쓰자는 운동의 움직임도 없지 않았다. 과연 그러한 의도가 오키나와의 현대를 표현할 수 있을까, 적어도 문학의 장에서 그러한 시도가 언어와 사상과 현대 오키나와를 잇는 가교적 의미를 지닐 수 있을지

아주 중요한 과제이다.

　그 점에 대해 이미 몇몇 사람들의 의견이 나와 있다. 그 중 오에 겐자부로[大江健三郎]가 말한 다른 언어, 즉 우치나구치와 야마토구치의 긴장 관계 속에서 태어난 '새로운 언어의 창조'라는 것은 오키나와의 문학 풍토에서 언어의 가능성으로 중요한 지적이라 생각한다. 또 시마오 도시오[島尾敏雄, 1917-1986, 요코하마 출신의 작가]가 말한 '오키나와어를 끌어안음으로써 일본어는 좀더 풍요로워진다'고 한 것도 오키나와 문학과 언어의 관계를 생각할 수 있는 커다란 시사가 된다. 두 사람의 시사는 오키나와어의 미래를 개척함으로써 지속적으로 살아가게 될 것이다. 그러나 어찌 되었건 우치나구치의 운명을 결정하는 것은 우치나구치와 더불어 살아가고 있는 많은 사람들과 사회의 문제이다. 향후의 과제로 남겨진 셈이다.

　방언에 대해 한마디 덧붙이고 싶은 점은 1940년 일본민예협회의 동인과 오키나와겐 학무부간에 다투었던 방언 논쟁이다. 이것은 언어의 문제가 오키나와의 근대화 및 사회 사조와 깊이 관련된 사건이며 근대사의 한 획을 그었다.

오키나와 문학의 전체적인 모습

오키나와 문학이란 무엇인가

오키나와 문학이란 아마미[奄美] · 오키나와 · 미야코[宮

古)·야에야마〔八重山〕의 네 개 제도에 걸쳐 있는 지역에서 태어난 문학의 총칭이며, 고대문학과 근대문학의 둘로 나눌 수 있다.

고대문학이란 오키나와가 역사적 출발(3-6세기경)에서 19세기 후반까지 류큐 방언으로 이루어진 문학. 근대문학이란 19세기 후반 이후 주로 일본적 표준어로 만들어진 문학을 가리킨다. 고대문학과 근대문학 사이에는 류큐 왕국의 붕괴라는 역사 변혁에 따른 문학의 장의 구조적인 변질과 문학 의식 및 의식의 매체가 되는 언어의 개선(오키나와어 → 일본어)이 분명하므로 그것으로 구별의 기준을 삼았다.

또한 오키나와의 근대문학 특히 전후문학의 가장 특징적인 부분은 이미 서술한 것처럼, 방언을 어떻게 생각할 것인가 하는 문제와 깊이 관련되어 있으므로 그곳에 양보하고, 여기서는 고대문학만을 다루기로 한다.

고대문학의 내용은 그 형태와 발상의 측면에서 주도문학(呪禱文學), 서사문학, 서정문학, 극문학의 넷으로 나눌 수 있다. 주도·서사·서정의 세 가지는 대개 읊던가 노래 혹은 가요로 운문 형식으로 입으로 전해진 노래이며, 극문학도 운율을 수반한 대사에 음악, 무용이 조합된 것으로 운문적이다. 이처럼 오키나와의 고대문학은 대개가 운문으로 구성되어 있으며, 산문 형식은 간신히 교겐〔狂言〕에서 볼 수 있는 정도이다.

오키나와의 고대문학은 주도, 서사성이 바탕이 된 주술어와 가요 중심의 문학이라는 점, 문학의 매체인 언어가 모든 섬마다 다른 모습을 보여주는 것이 커다란 특징이다. 그러므로 그 형태, 발상의 다양함을 그대로 일본문학 속에서 끌어안기는 어렵다. 다만 양자는 언어이건 문화이건 원류가 같으며, 문학의 형태·발상 자체도 본질적으로 그 옛 형태 혹은 변형으로 보아야 한다는 점에서 일본문학과의 관계를 다음과 같이 자리매김할 수 있다.

이런 식으로 오키나와문학을 자리매김하는 것으로 주술성·서사성을 풍요롭게 갖추고 있는 오키나와문학과 서사성·극성을 좀더 풍부하게 갖추고 있는 일본문학은 상호 보완적인 관계를 갖고 세계의 문학사에 나란히 설 수 있는 문학사를 완결할 수 있다고 나는 생각한다.

오키나와 고대문학의 형태

● **주도문학(呪禱文學)**: 주도문학이란 언령신앙(言靈信仰)에 의거한 주술에 의해 읊거나 노래하는 것이다.

아마미 대도(大島)에는 구치(口)로 불리는 주사(呪詞)가 있다. 구치는 '성스러운 말'이란 의미인데 오키나와제도에 있는 티루쿠구치(이제나(伊是名)·이헤야지마(伊平屋島)), 야에야마제도의 칸후치(神口), 니가이후치(願口), 미야코의 칸후치(神

	아마미 제도	오키나와 제도	미야코 제도	야에야마 제도
주도 (呪禱)	구치 [오모리] 다하베 마지뇨이	미세세루 오타카베 틸쿠구치 마지나이구투	칸후치 니고후치 니가리 다비 파시 후사 니리 마지나이고토	칸후치 니가이후치 니가이 후치 타카비 진무스
서사 (敍事)	나가레가(歌) 8월춤가 〔八月踊歌〕 윤구투	퀘나 우무이 오모로 티루루	長아그 쿠이챠아구	아요 지라바 윤타 윤구투
서정 〔抒情〕	섬노래〔島歌〕	琉歌(노래)	구이챠 토가니 순카니	절가(節歌) 투바라마 순카니
극 (예능)	쇼돈시바야 〔諸鈍芝居〕 교겐〔狂言〕	쿠미오도리〔組踊〕 교겐〔狂言〕 인형극 가극(歌劇)	쿠미오도리〔組踊〕 교겐〔狂言〕	쿠미오도리〔組踊〕 교겐〔狂言〕

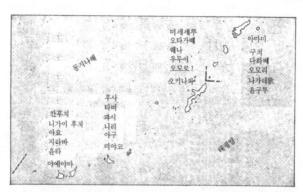

오키나와 고대문학의 섬별(島別) 형태의 분류표와 분포도
(아마미, 오키나와, 미야코, 야에야마에 전해오는 주술사, 가요에는 많은 호칭이 있다. 지역적인 차이와 내용의 변천 또는 중첩 등이 복잡하게 얽혀 있으므로, 호칭에 대응한 내용의 구별은 극히 곤란하다. 표의 내용은 호칭을 기준으로 개념적으로 시도한 분류이다.)

口), 니고후치[願口]로 이어지는 것이다. 칸후치의 원뜻은 신이 사람에게 주는 신의 말씀, 즉 신탁이다. 니가이후치는 사람이 신에게 바치는 바람의 말, 즉 축사(祝詞)이다. 많은 제도에 흩어져 있는 다양한 주사(呪詞)의 호칭은 복잡하고 다양하게 보인다. 하지만 상세하게 검토해 보면 구치[口], 쿠이[聲], 쿠투[言] 등으로 불리며 모두 신과 사람을 이어주는 '성스러운 말'로 의식되고 있다.

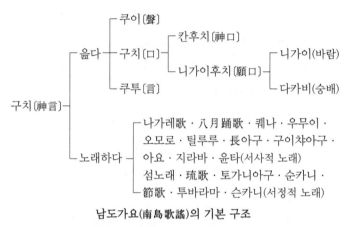

남도가요(南島歌謠)의 기본 구조

오키나와 섬에서 한 가지 예를 들어 보자. 오키나와 섬의 오타카베는 문자 그대로 '숭배'이며, 다른 이름 '누다테이고토[宣立言]'로도 불리는 그 원형은 구치이다. 신을 찬양하기 위한 축사라는 것은 내용과 기능에서 확실히 알 수 있다. 원시 사회에서는 자연에 대응하기 위한 제사나 주술이 자주 행해졌다. 그러한 사회에서 초인간적인 힘을 지닌 신에게 매달리고 오곡 풍요를 미리 축원하려는 바람이 신을 받드는 제사에서 오타카베(숭배)가 되어 발달한 것이다. 《나카자토큐우키[仲里旧記]》

(1703년 · 구메지마) 속에 비를 기원하는 오타카베는 그와 같은 주술적 심성을 노래하고 있다.

큰비를 바랄 때 불의 신 앞에서 기원하는 말
〈전략〉

슈리모리 치요와루	슈리 숲에 계시는
마다마모리 치요와루	보물 숲에 계시는
안지오소이 타타미키요가	안지를 거느리시는 귀인(국왕)
시노타바루 시노미토리	아름다운 논이 훌륭한 논이
아메호시야니 미즈호시야니	비를 바라고 물을 바라며
미나와레테 이키요에	모두 갈라져
모루와레테 이키요에	타들어가고 있사오니
아메오로치에 타마후레	비를 내려주시옵소서
이부오로치에 타마후레	비를 내려주시옵소서

〈중략〉

야하야하토 타마후레	어루만져 주시옵소서
나고나고토 타마후레	부드럽게 해주시옵소서
이시키요라카 오요에	벼이삭을 위해
보사츠노후가 오요에	벼이삭을 위해
이시미츠이로 오요에	돌의 열매가 들어가도록
카나미츠이로 오요에	쇠의 열매가 들어가도록

(《남도가요대성(南島歌謠大成)》 I, 오키나와편 상, 오타카베 3)

● **서사문학**: 서사문학은 농경의례와 깊이 관련되어 있으며

신들의 저주 속에서 원초적인 생명을 기르고 주도적(呪禱的) 심경과 서사성을 담은 채 공동체 생활의 장으로 크게 확대되어 가는 것이다.

오키나와의 퀘나는 마을 공동체의 번영과 행복을 기원하는 바람을 대어(對語) · 대구(對句)를 연결, 연속 · 진행적으로 서술해가는 전형적인 서사적 가요이다. 주제는 고기잡이 · 벼농사 · 기우제 · 항해 · 배 만들기 · 집짓기 · 베짜기 등이다. 우무이는 대어 · 대구를 이은 퀘나 형식에서 구조적으로 반복할 수 있는 새로운 노래 형식이 싹트는 것으로 볼 수 있다. 주제도 창세신화, 신을 받는 축제 · 제련 · 수렵 · 전쟁 · 성 축조 · 교역 · 조공 · 장례식 등도 노래하게 되었고, 신들과의 접촉을 유지하면서도 좀더 다양한 생활 양상을 아우르며 문학의 장이 크게 확대되어 갔다.

아마웨다〔天親田〕

아마미츠가 하지마루	아마미 사람이 처음
아마웨다야	아마웨다〔天親田〕는
아메노와캬가유루	쌀이 솟아난다
시루미츠 노다테루	시루미 사람이 찬양한다네
마에노투 하루메구야니	앞의 평원을 돌고
시타노투 하루메구야니	아래 평원을 휘돌아
시미치치투메테이	습지를 찾아
이즈미구치 사투테이	샘의 입구를 찾아
아부시카타야네테이	밭두둑 만들고

얀다호우소테	논바닥 만들어
츠노타카야소로라치	소 몰아
쿤챠군쿠미이테	흙을 퍼올려
만챠군키지라케테	흙 썰고 썰어
시카마히요라치	작업하는 날 사람들 모아
시로챠네야누키우에테	흰씨를 뿌리고
아마챠네야사시우에테	스무 종자를 심어서
니가츠야나요레바	2월이 되면
유다리구사카키마와치	데쳐 먹을 것 솎아내고
산가츠야나요레바	3월이 되면
구자라벤스진카치	(미상)

〈후략〉

《《남도가요대성(南島歌謠大成)》》I, 오키나와편 상·퀘나 87)

위에 인용한 아마웨다는 오키나와 본도에 전해오는 퀘나이
다. 벼농사를 위한 정지(整地), 터잡고 씨뿌리기, 벼의 생육, 벼
베기까지의 순서 있게 정성스럽게 노래하고 있다. 이러한 생활
경험을 노래로 담아 전승하고, 신을 모시는 자리에서 주술적으
로 노래하는 유형은 아마미, 미야코, 야에야마 모두 공통적으로
볼 수 있다.

그 외 서사문학으로 이야코 제도에 영웅서사시라 할 수 있는
특이한 사가(史歌)가 전해오고 있다.

● 서정문학: 서사적 세계를 빠져 나와 노동과 사랑의 기쁨,

이별의 슬픔 등을 노래하게 되면 노래의 형태도 짧고 긴장감이 돈다.

섬노래, 류가(琉歌), 절가(節歌) 등은 총괄적인 호칭이다. 각 노래 속에서 장가형과 단가형으로 나눌 수 있다. 모두 노래로 불리는데 특히 류가(琉歌)는 일본의 와카[和歌]가 당시(唐詩)에 대한 일본의 노래[和歌]로 칭해진 것과 마찬가지로 구별하기 위한 호칭이다. 또 노래는 각각의 섬마다 지역적 변용과 특성을 갖고 있다. 총체적으로 8음을 늘여 연속하는 등 짧은 음수율을 갖는다. 주제로 살펴보면 연가(戀歌), 사계가(四季歌), 축가, 교훈가와 고유의 민속, 신앙, 생활을 배경으로 한 것 등 다채롭다. 섬노래[島歌], 류가(琉歌), 절가(節歌)는 삼선악기(三線樂器)와 결부되어 있는데, 미야코의 토가니와 야에야마의 투바라마는 삼선(三線)과 결부되지 않은 서정가의 오래된 모습을 보여주고 있다. 다음 장에서 류가(琉歌)를 예로 들며 좀더 자세하게 감상해 보자.

● **극문학**: 극문학에는 아오미의 쇼돈시바야[諸鈍芝居], 교겐[狂言], 오키나와의 쿠미오도리[組踊], 교겐, 인형극, 가극, 미야코・야에야마의 쿠미오도리, 교겐 등이 전해지고 있다.

쿠미오도리[組踊]는 오키나와의 언어・문학・예능으로 종합적으로 구성된 오키나와 독자의 악극(樂劇)이다. 섬마다 전해오는 전설, 설화를 극성(劇性)의 바탕으로 삼고, 방언의 고어(古語)를 적극적으로 받아들이면서 오키나와적인 8・8조의 음률을 갖추었다. 무용 역시 예부터 전해오는 '코네리' '시누구' 등의 제식무용(祭式舞踊)을 조합하여 교묘하게 구성되어 있다. 1719년 쇼우케이왕[尚敬王] 책봉 때, 다마구스쿠 쵸우쿤[玉城朝薫]이 춤 봉행으로 책봉사(册封使)를 초대한 잔치에서 여흥을 위해 창작한 것이 시작으로 일컫고 있다. 쵸우쿤[朝薫]은 몇 회에 걸쳐 사츠마와 에도에 가서 야마토의 예능에 정통해 있었으므로, 그가 창작한 쿠미오도리가 요오쿄쿠[謠曲]·노[能]·교겐[狂言] 등의 영향을 강하게 받았다. 그러나 오리쿠치 시노부[折口信夫, 민속학자]도 지적했듯이 쿠미오도리는 재래의 '무라오도리[村踊]의 발전선상에서 종합된 것으로 생각된다.

그 점에서 쿠미오도리 역시 극(劇) 발생의 일반적인 형식과 마찬가지로, 오키나와 고유의 원시적 제식 속에 그 기원을 두고 있음은 몇 가지 사실에서 논증할 수 있다. 원시와 고대의 주술을 끌어다 연결시키면서 발전해 온 '무라오도리'의 내용을 외부에서 들어온 예술 형식(노)의 영향을 받으면서 무대화한 점에 쿠미오도리 성립의 독자성이 있었다.

쵸우쿤[朝薫]의 작품은 '슈우신카네이리[執心鐘入]' '니도우데키우치[二童敵討]' '메카루시이[銘刈子]' '온나모노쿠루이[女物狂]' '효행의 권'의 5번이 있다. 세속에서 '고쿠미[五組]'로 불리며 유명하다. 쵸우쿤 이외에도 헤시키야 쵸우빈[平敷屋朝敏]에 의한 '데미즈노엔[手水の緣],' 다카미야구스쿠베친[高宮城親雲上]의 '하나우리노엔[花賣の緣],' 다사토 쵸우쵸쿠[田里朝直]의 '만자이데키우치[萬歲敵討]' '기신모노가타리[義臣物語]' '오오구스쿠쿠즈레[大城崩]' 등이 만들어져 있고, 약 50번에 가까운 각본이 오늘에 전하고 있다.

오키나와, 미야코, 야에야마에 전해오는 교겐은 제각기 독자성이 있고, 풍토에 뿌리를 둔 '웃음(해학)'의 문학이다. 야에야마의 다케토미시마[竹富

다케토미시마[竹富島]의 교겐(아부지 교겐)

島]의 교겐은 신에게 올리는 엄숙한 '진누콘긴(예의 교겐)'과 즉흥 언어로 웃음을 이끌어 내는 '바라시콘긴(웃음 교겐)'의 둘로 나뉘어져 있어 특징적이다. 신 앞에서 서술한 엄숙한 주사(呪詞) 부분(정형화)과 웃음을 자아내는 부분(부정형)이 각기 발달하면서 분립한 것으로 생각된다. 또한 아오미의 요론지마[与論島]의 교겐에는 야마토 교겐이 들어와 있다.

메이지 시대 들어 궁정무용에 대한 조우오도리[雜踊]가 출현했듯이, 쿠미오도리에 대해서도 새로운 가극이 생겨났다. 류가(琉歌)의 절(節)에 맞춘 노래 경합에서 이야기를 진행해 가는 연극 형식인데, 노래 중간에 보통 대사도 들어가고, 몸짓과 무용이 섞어 쿠미오도리의 신생(新生)을 보는 느낌이다. 이 또한 쿠미오도리 자체의 재생이 아니라는 점은 민속 예능에서 볼 수 있는 섬마을의 서민성이 극 구성의 중요한 요소로 짜여져 있음을 알 수 있다. 쿠미오도리가 왕부(王府)와 사족(士族)이 지닌 도덕율에 얽매이기 쉬운 데 비해, 가극은 서민 생활의 터전에서 볼 수 있는 기쁨과 슬픔을 주제로 하고 있다. 쿠미오도리는 그 성격상 꼭 국왕 만세의 해피엔드로 끝을 맺지만, 가극은 비극성을 지닌 점, 국왕의 속박을 벗어나 근대의 옷으로 갈아입고, 좀더 깊은 문학성을 추구할 수 있는 여지를 획득했다.

1910년에 상연된 '도마이아카[泊阿嘉]'를 시작으로 '야쿠시도우[藥師堂]' '오쿠야마노보탄[奧山の牡丹]' '헨토나한도구와[辺土名ハンド小]' 등이 창작되었다. 가극은 즉흥연극으로 만들었다가 잘 되면 대본을 만드는 방식이 많았으므로 작품 수는 헤아릴 수 없을 정도로 많다.

오리쿠치 시노부[折口信夫]의 문학발생론과 오키나와

생산력이 낮은 원시 사회에서는 제사와 주술이 성행했다. 초인간적인 힘을 지닌 신에게 매달림으로써 자연의 위력을 뛰어넘어 생산의 풍요를 기원하려는 바람이 신을 제사지내는 주술로 발달하게 된다. 그 주술이 노리고토[宣言]이며, 풍요를 기원하는 간절한 바람을 언령신앙(言靈信仰)에 의거하여 '감동'의 언어로

표현하고자 노력하면서 주술어가 충실해져 새로운 발전을 약속하게 되었다.

이와 같은 신과 인간, 인간과 신의 마음을 이어

우타키[御嶽, 拜所] 앞의 신녀(神女)

주는 주술어가 지금껏 보았던 것처럼 오키나와 섬에는 주사(呪詞)와 주도적 가요(呪禱敵歌謠)로 지금도 남아 있다. 이미 그것은 화석화되어 자율적인 발전성을 갖고 있지 않지만, 멍하니 우타키[御嶽, 拜所] 안에서 무당이 읊조리는 주사(呪詞)를 반복해서 듣고 있으면 불현듯 신과의 교감을 느낄 때가 있다. 영국의 문화인류학자 제임스 프레이저(James Frazer)가 말한 "시는 주술에서 발생했다"는 생각에 절실한 공감으로 다가오는 것도 바로 그러한 때이다. 제사의 자리에서 '감동'의 언어, 긴장감을 주는 주술어를 문학 태초의 근원의 모습으로 받아들일 따름이다.

프레이저와 문화인류학이 말하는 "시는 주술에서 발생했다"는 문학 발생의 원리적인 사고방식을 일본문학의 장에서 더욱 구체적으로 구명한 인물이 오리쿠치 시노부이다. 오리쿠치는 주술 속에서 풍요를 기원하는 주술어를 문학 발생의 첫 근원적인 것으로 파악. "문학의 원형은 신에 의한 일인칭적인 신어(神語)이다"라 하며, 주술(呪術) → 주언(呪言) → 서사시라는 문학의 발생과 발전의 모습을 일본문학사상에서 체계화하려 했다. 그러한 오리쿠치의 방법 중에서 탁월하고 독창적인 부분은 문학의 발생과 발전의 과정을 설명하는데, '나그네(손님)'의 이론을 주입하여 자기의 학설을 기본 축으로 하면서 주언(呪言)을 읊는 '나그네'를 문학 창조의 주체로서, 논리적·구조적으로 정리한 점에 있다. 오리쿠치가 말하는 '나그네'는《고지키〔古事記〕》세계의 바다에서 찾아온 신들을 땅밑으로 상정하면서, 구체적으로는 오키나와 마야의 신, 야에야마의 마아윤가나시〔眞世加那志〕, 빨간 마타, 검은 마타 등으로 불리며 바다 저편에서 행복을 실어나르는 신으로 널리 알려져 있는 신들이다. 그 신들이 '일인칭적인 신어(神御)'를 읊는 '나그네'이며 태초의 문학 주체가 된 셈이다.

느닷없이 서정적으로 출발한 기기가요(記紀歌謠, 古事記와 日本書紀)와 만요가(萬葉歌)가 서정시적인 장르에서 출발했음은 의심의 여지가 없지만, 세계의 보편적인 문학 발생과 발전의 문제로 눈길을 돌렸을 때 일본문학의 출발 자체에 일본적이며 특수한 것이 내포되어 있었던 것이 아닐까. 적어도 서사시와 전(前)서사시적인 것을 함유한 문학 발생의 문제에 대해서는 좀더 시야를 크게 열어두어야 할 것이다.

그러한 문제 의식을 일본문학이라는 틀 속에 짜맞추어 문학 태초의 모습으로 엮어갈 때, 남쪽 섬들에 전해져 오는 제사와, 제사에 밀착되어 있는 주사(呪詞), 혹은 신가(神歌) 등으로 불리는 것의 존재를 무시할 수 없을 것이다. 오키나와 문학은 주사(呪詞)와 주도적 가요를 비롯하여 미야코의 서사적 사가(史歌)까지 포함하여, 일본문학이 서정적 장르에 이르기까지의 줄거리를 더듬기 위한 풍부한 소재를 전하고 있다.

오모로(オモロ)와 우타(ウタ)의 세계

오모로를 읽다

오모로는 오키나와·아오미제도에 전해오는 옛 가요로 본래 우무이와 같은 것이다. 《오모로소우시》(전22권)는 12세기경부터 17세기 초기에 걸쳐 불렸던 섬마을의 우무이를 채록하여 편찬한 것으로, 1천5백54수의

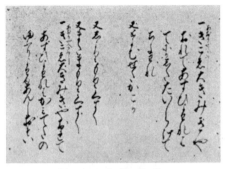

《오모로소우시》 권1의 1
(尙家本 오키나와 현립박물관 소장)

오모로가 수록되어 있다. 오모로의 어원은 '생각하다'이다. '말하다,' 입에서 나와 '노래하다'는 의미의 일본고어 '생각하다'를 원뜻으로 하며, 그것이 체언화한 것이 신의 언어, 신언(神言)이라는 의미를 갖게 된다. 즉 오모로는 신이 인간에게 하사하는 언어, 혹은 공동체의 마음을 신에게 말씀드리고, 받들어 올리는 언어로, 공동체와 신과 자연과의 관계 속에서 발생하여 발전해갔다. 아오미의 고어에 '말하다'라는 말의 존경어 '우무룬'(말씀하셨다)이라는 말에 오모로의 원뜻을 언뜻 비치고 있다.

《오모로소우시》는 1531년에 제1권이 편찬되었는데, 제22권이 완성된 1623년까지 1백 년 가까운 세월이 흘렀다. 또한 수록되어 있는 오모로도 몇 백 년에 걸쳐 읊조려왔던 것으로 생각될 만큼 오모로의 종류는 다양하다. 중앙의 오모로와 지방 오모로로 크게 나뉘며, 그 내용과 기능에 따라 〈에사오모로〉(14권), 〈에토오모로〉(10, 13권), 〈아스비오모로〉(12권) 등으로 불리는 것도 있다. 오모로의 실제 예를 살펴보자.

〈우치이데하후헤노토리의 절(うちいではふへのとりの節)〉

一 테니니도요무오오누시　천지를 뒤흔드는 태양이여

　　아케모도로노하나노　　이른 아침 빛나는 꽃이

　　사키와타리　　　　　　아름답게 꽃이 펴서 지나간다

　　아레요 미레요　　　　　　저것 보라!

　　키요라야요　　　　　　얼마나 아름다운가

又 지테니토요무오오누시　천지를 뒤흔드는 태양이여

《《오모로소우시》 7권 379)

해뜨는 모습의 장엄함을 노래한 오모로이다. 불꽃과 빛의 소
용돌이가 되어 거침없이 모습을 드러내는 태양의 모습에서, 천
지를 뒤흔들 듯 낮게 울리 퍼지는 소리를 들었을 것이다. '도요
무(소리가 울려 퍼지다)'라는 동사는 만요슈 언어의 '도요무'와
같으며, 울려 퍼지게 하다, 뒤흔들다는 뜻이 있고, 오모로어에
서 관용적인 흐름에 따라 원뜻을 벗어나 명성이 높다, 평판, 훌
륭한 등의 의미인 미칭사(美稱辭)가 되었다.

一 에케 아가루 미카즈키　　저기, 올라오는 초승달은

　　에케 가미기야가나마유미　신의 가나마유미〔金眞弓〕이다

又 에케 아가루아카보시야　저기, 올라오는 금성은

又 에케 가미기야가나먀마키　신의 가나마마키〔金細矢〕이다

又 에케 아가루보레뵤시야　저기, 올라오는 무리진 별은

又 에케 가미가사시쿠세　　신이 빗는 빗이다

又 에케 아가루노치쿠모와　저기, 올라오는 횡운(橫雲)은

又 에케 가미가마나키키오비 신이 사랑하는 띠이다

《오모로소우시》 10권 534)

황혼이 지는 하늘에 다소곳이 올라오기 시작하는 초승달, 활과 같은 모습을 보여주는 금성, 해 저무는 하늘에 싱싱하게 치장하기 시작한 한 무리 별들의 반짝임, 그리고 보라색으로 물들어 가로로 기다랗게 끼어 있는 구름……, 황혼이 질 무렵부터 어두워질 무렵의 다채로운 자연의 아름다움을 노래하면서, 저기, 저기 하며 부르는 감동의 절정이 황홀함 너머로 뿌리깊은 신앙심으로 이끌어가는 것이다.

에케, 에케 하고 이어지는 간투사(間投詞) 가운데, 2, 4, 6, 8행째를 제외하고 읽어보면, 그 율동도 노래의 뜻도 확실하게 정돈된다. 게다가 8·8음의 연결로 이어져 한 구절씩 그대로 서정가(류우카, 琉歌)의 상구(上句)가 될 수 있음을 알 수 있다.

이 오모로는 항해의 안전을 기원하는 예축(予祝, 미리 축하함)행사로 노래한 것이 아닌가 생각된다. 국가 사업으로 경영된 이 시대의 항해는 슈리사족(首里士族)이 종사한 가장 중요한 임무였다.

'에토'가 노동을 의미하는 말로 본다면, '에토오모로'는 바로 노동가이며, 노동가의 팽창 속에서 서정가가 생겨나는 보편적인 가요 발전의 이치로 본다면, 이 오모로가 음률적으로 류카와 겹쳐 있는 것은 결코 우연이 아닐 것이다.

선왕 쇼우네손군(尚寧尊君)이 사츠마(薩摩)로 상경했을 때 왕비가 쓴 오모로

— 마니시가 마네마네 후케바　　북풍이 부는 대로
　　안지오소이테다노　　　　당신께서 타고 오실
　　오우네도 마치요루　　　　배를 기다립니다
又 오에치에가 오에치에도 후케바　오에치에의 바람이 불면

《《오모로소우시》》 13권 892)

　전서(前書)에 따르면, 이 오모로는 1609년 시마즈〔島津, 1609년 류큐 왕국 침략·유린하고 그 영토인 아마미·오시마 지역을 식민지로 편입〕가 류큐 침입할 때, 사츠마에 볼모로 데려갔던 국왕 쇼우네〔尙寧〕의 앞일을 걱정하는 왕비가 노래한 것이며, 왕을 향한 왕비의 사모의 정을 노래하고 있다. 이 오모로가 마지막 빛을 발하고 오모로에서 노래의 시대로 옮겨가게 된다. 오모로는 무리 속에서 생겨난 고대가요로 성격이 규정되어 있는데, 전서(前書)만으로는 특정 개인의 작품으로 정할 수 없지만, 겹쳐 나오는 9권의 '고네리오모로'에는 전서(前書) 등이 없는데, 같은 오모로를 13권의 '에토오모로'에 받아들여 새삼스럽게 전서(前書)를 붙여 개인의 작품으로 명시하려는 의식이 보이는 점과, 같은 내용의 류우카〔琉歌〕가 만들어져 있는 것은, 이 오모로의 소성(素姓)과 오모로에서 류우카로 바뀌어 가는 것 사이에 어떤 연관이 있을지도 모른다. 류우카에는 다음과 같이 되어 있다.

　마니시노마니시후키츠메테오레바
　아지스이메테다노오우네도마치유루

(북풍이 불어오고 있으니, 분명 임금님의 귀국도 머지 않으시겠지. 돌아오시는 배를 손꼽아 기다린다)

16,7세기의 후기 오모로는 형태적으로나 발상적으로 서정적인 모습을 보이기 시작한다. 그것은 노래의 형식이 짧게 정리되어 있는 점, 사람의 마음을 노래로 표현하게 된 점을 특징으로 들 수 있다. 오모로에서 노래로의 변천을 문학사적으로 보면, 주술과 서사의 시대에서 한 획을 긋고, 서정적인 문학을 낳는 시대로 들어가게 된다.

7,8세기 무렵 만요우타〔萬葉歌〕와 같은 서정가를 낳은 일본 문학에 비하면, 똑같은 서정가를 낳는 데 1천 년 정도 간격이 있었던 셈이다. 이 역사 분야도 1천 년의 낙차가 보이는데 오키나와의 사회와 문학의 구조를 보는 데 중요한 시점이다.

류우카〔琉歌〕를 읽는다

류우카는 오키나와 본도를 중심으로 읊조렸던 우타(노래)이다.

넓은 의미에서 말하는 류우카를 형태로 분류해 보면, 단가 형식과 장가 형식의 두 가지로 나눌 수 있다. 단가 형식에는 8·8·8·6의 30음으로 이루어진 단가와, 와가풍(和歌風)의 음수(音數)와 일본어〔和語〕가 섞인

《고킨류우카슈우〔古今琉歌集〕》(富川盛睦 편집, 발행 1901년)

나카후우[仲風]가 있고, 장가 형식에는 8 · 8 · 8음이 연속하며 마지막 6음으로 맺는 장가 외에 구도우치[口說], 츠라네, 기야리까지 포함할 수 있다. 류우카 중에 압도적으로 수가 많은 것은 단가이다. 즉 류우카는 짧고 서정적인 특징을 갖고 있다. 류우카 몇 가지를 예로 들어 보자.

운나다키아가타　　운나다키아가타　운나 산 저 너머에
사토가우마레시마　사투간마리지마　그리운 내 님 태어난 마을이 있네
모리모오시노케테　무인우시누키티　산을 밀어 제치고
고가타나사나　　　구가타나사나　　이쪽으로 끌어당기고 싶구나

(운나절(恩納節) · 운나 나베)

작자 운나 나베는 18세기 전반 쇼우케이왕[尚敬王]시대의 인물로, 18수의 우타를 남겼다. 자기 감정을 열정적으로 노래한 점에서 류우카 세계에서 가장 개성적인 작가이다. 이 노래의 "산을 밀어 제치고 연인이 있는 마을을 끌어당기고 싶다"는 발상과 표현은 《만요슈》에 있는 다음과 같은 노래와 상통하는 면이 있어서, 운나 나베가 만요조의 가인(歌人)으로 일컬어지고 있는 까닭이 여기에 있다.

나츠쿠사노 오모히시나에테 시노후람 이모가카도미무 나비케코노야마

(지금은 여름풀처럼 생각에 지치어 멀리 곰곰 그리워하는 내 님의 집 문을 바라보고 싶구나, 엎드려 다오 이 뫼여.)

（2권 131. 가키모토노 히토마로〔柿本人麻呂〕)

기미가이쿠 미치노나가테오 구리타타네 야키호로보삼 아메노히모가모

(당신이 가시는 기나긴 여정을 두 손 걷어붙여 태워 없애 버릴 듯한 하늘의 큰불이라도 났으면 좋으련만)

（15권 3724 · 사노노 오토가미오토메〔狹野弟上娘子〕)

국왕이 호쿠잔〔北山〕으로 순행을 떠나셨을 때, 온나 마을〔恩納村〕의 경승지 만자모우〔万座毛〕를 방문했을 때 노래했다는 한 수를 다음에 실었다.

나미노고에모토마레	나미누쿠인투마리	파도소리도 멈추어라
가제노고에모토마레	자니누쿠인투마리	바람소리도 멈추어라
슈리덴가나시	슈우이틴가나시	임금님을
미온키오가마	미운치오가마	배알하고파

이 노래는 파도와 바람이라는 자연에 호소하는 발상으로 노래하고 있는데, 운나〔溫納〕 지방의 장대한 경관과 국왕에 대한 열렬한 감정을 노래한 운나 나베의 수법이 비범하다. 나카지마〔仲島〕의 유녀(遊女)였던 요시야 우미치루는 같은 쇼우케이왕〔尙敬王〕시대의 가인으로 생각되는데, 다음의 노래는 운나 나

베와 대조적인 가풍이다.

타노무요야후테케	타누무유야후키티	마음에 두고 있는 밤은 깊어만 가는데
오토즈레모나이라누	우투지린네라누	오신다던 님은 찾아오시지 않네
히토리야마노하노	피취이야마누파누	홀로, 산마루의
츠키니무카테	츠치닌카테이	달 맞으니 쓸쓸하구나

'산마루의 달'이라는 표현에서 알 수 있듯이 와가문학(和歌文學)의 영향을 강하게 받은 작풍으로, 《신고킨와카슈〔新古今和歌集〕》 권13의 쇼쿠시 나이신〔式子內親王, 1153-1202〕의 다음 노래가 떠오른다.

기미마츠토네야헤모이라누마키노토니이타쿠나후케소야마노하노츠키

(당신 기다리며 잠들지 못한 채 문에 기대어 바라는 산허리의 달)

(戀歌 3, 1204)

운나 나베가 대범하고 느긋하게 만요식으로 노래한 가인이라면, 요시야 우미치루는 세련된 고금조(古今調)의 가인이라 할 수 있다.

요시야는 나이 여덟에 유곽으로 팔려 가 열여덟에 요절한 박복한 여성으로 전설적으로 회자되고 있는데, 헤시키야쵸우빈

〔平敷屋朝敏〕의 의고문에 의한 비련의 이야기 《이끼밑〔苔の下〕》(1730년경)의 주인공이기도 하다. 화문(和文)·와카〔和歌〕에 정통했으며, 와카의 마음과 수사(修辭)를 자유자재로 류우카에 위탁하여 노래한 요시야인데, 《류우카센슈〔琉歌全集〕》에 따르면 22수가 요시야의 작품으로 남아 있다.

우라무히자바시야	우라무히자바시야	한 맺힌 히자교는
와누와타리사토모테	완와타사투무티	나를 건너 주려고
나사케이누히토노	나사키넨피투누	무정한 사람이
카케테이키야라	카키티우챠라	놓아두셨나

히자교〔比謝橋〕는 오키나와 본도 중부의 가데나〔嘉手納〕에서 요미탄손〔讀谷村〕 후루겐〔古堅〕으로 나오는 가도의 히자가와〔比謝川〕에 놓여 있는 다리이다. 자신을 팔아 버린 것에 대한 원망을 "이 다리가 있었기 때문에 나는 다리를 건너 나카지마의 유곽으로 팔려가야만 했다"며 다리를 놓은 사람에 대한 원망을 슬쩍 빗댄 것으로, 고향을 나온 요시야의 억제된 슬픔이 한층 강하게 울려나오는 노래이다.

류우카는 이처럼 작자를 알 수 있는 노래도 많지만, 뛰어난 작품의 대부분은 지은이를 알 수 없다. 특히 여성의 마음을 통해 결정체로 완성된 것에 수작(秀作)이 많은 것이 류우카 단가(短歌)의 특징 중의 하나이다. 류우카의 성립에는 산신〔三線〕악기가 깊이 관여되어 있는데, 곡과 연결시켜 노래해 온 류우카는 다시 춤과 결합되어 오늘에 전하고 있다. 이러한 명작 중에

몇 수 예로 들기로 한다.

女七踊〔이나고우도우이〔女踊〕 류큐〔琉球〕 고전무용의 한 형식. 화려하고 아름다운 고전무용의 중심적인 존재. 본래는 남성(여장)이 춤춘다. 〈요츠타케〔四つ竹〕〉〈이니마즌〔稻まづん〕〉외에 열세 가지. 이 가운데 〈가세카케〔かせかけ〕〉〈야나지〔柳〕〉〈아마카〔天川〕〉〈지쿠덴부시〔作田節〕〉〈누후아부시〔伊野波節〕〉〈슈둔〔諸屯〕〉의 여섯 가지로 〈무투 누치바나〔本貫花〕〉혹은 〈우비치〔苧引〕〉를 더하여 합계 일곱 가지를 女七踊이라 부른다. — 역주)의 하나 '가세카케'는 류쿠 3수, 음곡 2곡으로 구성되어 있다.

〈出羽 干瀬節〉

나나요미토하타인	나나유미투하텐	아주 최상의 스무
가세카케테오키유테	카시카키티우츄티	줄 굄목을 괴고
사토가아카이즈바니	사투가아케즈바니	그 님을 위해 잠자리
		날개처럼
御衣요스라네	은스유시라니	아름다운 옷 지어 바치고 싶어라

〈中踊 七尺節〉

와쿠노이토카세니	와쿠누이투카시니	실패에 괴어 놓은 실
쿠리카에시카에시	쿠리가이시가이시	반복해서 감고 있으면
카케테오모카게노	가키티우무가지누	사랑하는 님의 모습
		아른거려
마사테타치유사	마사티타츄사	그리움이 늘어만 가네

〈入羽〉

카세카테테도기야	카시카키티투지야	굄목을 괴어놓아도
나라누모노사라메	나라누무누사라미	위안이 되지 않는구나
쿠리카에시카에시	쿠리가이시가이시	반복해서 감아보지만
오모도마사루	우미두마사루	그리움이 쌓여만 가네

사람을 사랑하는 여인의 마음이 이 노래와 춤에 아름답게 담겨 있다. 춤과 결합된 것 중 문학으로 '하나후우〔花風〕'이 있다.

〈出羽 花風節〉

미에구스쿠니노보레	미구스이쿠니누부터	그리운 이 배웅하러 미에구스쿠에 올라
데사지모치아게레베	디사지무챠기리바	손수건을 들어올리면
하야부네노나라히야	하이후니누나레야	빠르게 멀어져 가는 배의 모습이여
히토메도미유루	츄미두미유루	한 점밖에 보이지 않는구나

〈入羽 述懷節〉

아사유우사모오소바	아사유산우스바	아침저녁으로 님을 모시며
오가미나레소메테	오우가미나리즈미티	몸과 마음 깊이 가까이 있었건만
사토야타비시메테	사투야타비시미티	그런 당신을 여행길

떠나보내니

이키야스마치유가　이챠시마츄가　　나 어찌 기다리면 좋

을까

　전반부의 하나후우절〔花風節〕은 이별의 슬픔에 가슴 아파 손
수건을 흔들어댈 수 없는 여인의 마음의 무게가 '손수건을 들
어올리면' 이라는 한 구절에 응축되어 표현되어 있는 수작이다.

류우카〔琉歌〕의 발생

　오키나와의 우타(류우카)가 어떤 식으로 성립되어 있는가 하
는 점에 대해서는 여러 가지 학설이 있다. 그러나 여기서는 여
러 학설의 대립, 차이점에 대한 지적은 하지 않기로 하고, 내
사고방식을 서술하고자 한다. 결론만을 말하면, 류우카는 오모
로를 직접 모태로 하는 흐름을 주류로 삼으면서 우무이에도 흘
러들어 왔고, 퀘나와도 무관하지 않다는 점이다. 게다가 이 오
모로와 우무이, 퀘나로 불리는 옛 노래에서 좀더 오래된 신가
(神歌)와 주언(呪言)의 원류를 볼 수 있다. 먼저 오모로에서 우
타(류우카)로 흘러간 흐름을 살펴보자.

一 오모로네야가리야(おもろねやがりや)	8
요노소우즈이쟈치야체(世のさうずいぢやちへ)	8
가미테다노소로테(かみてだのそろて)	8
마부리요와체(まぶりよわちへ)	6

又 세루무네야가리야(せるむねやがりや)   8

                                          (8권 399)

一 키로에쿠니나오리(きこゑくになおり)   8

   이리테미즈고에바(いりてみづこゑば)   8

   미즈나키얀마미키(みづなきやんまみき)   8

   이쟈스마쿠니(いぢやすまくに)   6

又 토요무쿠니나오리(とよむくになおり)   8

                                        (14권 1043)

  8권 399는 '명인(名人) 오모로'로 불리는 오모로 중에, 14권 1043은 '에사오모로'로 불리는 오모로 속에 있는데, 가형(歌形)이 8음으로 이어지면서 결구(結句)가 6음으로 되어 있는 부분이 특징을 보인다. 오모로는 본래 부정형으로 복잡한 가형이 많은데, 후기로 오면 사람과 관련되거나 노동과 관련된 주제 중에서, 위와 같이 짧은 조율적인 가형이 생겨난다. 게다가 그것이 8・8・8・6의 음수율(音數律)로 되어 있는 것은, 류우카의 가형 그대로이다. 여기서 오모로에서 류우카로 흘러들어간 흐름을 확인할 수 있다.

  다음은 우무이에서 류우카로의 흐름을 살펴보자.

一 가코이야마우치니(かこいやまうちに)   8

二 야마후카사아모노(やまふかさあもの)   8

三 우부가하하오야노(うぶがははおやの)   8

　왼쪽은 오키나와 중부의 구시가와〔具志川〕에 전해오는 우무이이다. 그런데 3행째 우단처럼 정리해 보면 그대로 류우카로 이어짐을 알 수 있다. 또 한 가지 사례를 살펴보자.

(1) 一　아타이우누나카구도우테이

　　　유웨웨웨웨유마유마

　　二　히치사라시사라시

　　　웨유마유마

　　三　야마토리메루

　　　유웨웨웨유마유마

　　四　우미키아가

　　　유웨웨웨유마유마

　　五　돈스바카마

　　　유웨웨웨유마유마

　　　　　　　　　　　　　　　（大宜味村謝名城）

(2) 一　아타이우누나카구토우테이(あたいうぬなかぐとうてぃ)10

　　二　히키사라시사라시(ひきさらしさらし)　　　　8

　　三　야마토메루(やまとめる)

　　四　우미키야가(うみきやが)　　　　　　　　　9

　　五　돈스바카마(どんすばかま)　　　　　　　　6

　　　　　　　　　　　　　　　（大宜味村嘉如嘉）

(3) 一　아타이오노나카구(あたいをのなかぐ)　　　8

(大宜味村城)

　위의 노래는 모두 오키나와 북부 오오키미손[大宜味村]에 전해오는 우무이이다. (1)은 실제로 노래할 때 길게 신명을 돋우며 신가(神歌)로 전해지고 있으므로, 이 우무이가 류우카와 가까운 점은 별로 찾을 수 없다. 그런데 같은 내용의 이 우무이를 (2)와 같이 장단을 길게 빼지 않고 노래하는 마을이 있다. 기지요카[喜如嘉]의 것이다. 그러나 이것은 10·8·9·6의 음수로 상당히 부정형이다. (3)으로 오게 되면 8·8·8·6으로 정형화되어 있고, 류우카와 완전히 똑같은 가형(歌形)이 되어 있다.

　장단을 완전하게 넣어 노래하는 마을에서는 신가(神歌)라는

쿠에나(クエ―ナ)의 춤

의식 속에서 전해지고 있는 우무이지만, 다른 마을에서는 그것을 류우카 형식으로 만들어 내려는 의식이 분명하다. 가형(歌形)을 정리하기 위해 가사(歌詞)를 바꾸는 부분에서 그것을 엿볼 수 있다. 이것은 우무이에서 류우카로 옮겨가는 모습의 구체적인 예이다.

퀘나의 경우는 오모로와 우무이와 같이 실증하기 어렵지만, 가령 류우카 가운데,

무시루시치마치요레타탄시치마치요레 유사에후루아메야유치노마두미

사카보토노이헤야단쥬토노마레루 요요키요라가유무토우쿠바노미무토우

은나도츄라사야구히스쿠미나토 토우마이츄사야나하노토우마이

와 같은 예에서 볼 수 있는 대어(對語)·대구(對句)를 사용하는 대구 구성법과, 반복해서 확인하는 심성 등에서 퀘나적인 특징을 엿볼 수 있고, 또 용어 안에서도 류우카가 퀘나의 영향을 직접 받은 것은 분명하다.

축제와 놀이의 반주음악

오키나와에는 '모우아시비(들놀이)'로 불리는 놀이의 장에서 불려지는 카키우타(반주음악)가 있다. '모우아시비(들놀이)'란

농촌의 청춘남녀가 마을 근처 들판에서 산신〔三線〕을 반주하며 노래를 부르거나, 춤추며 노는 것이다. 남녀가 즐기면서 노래를 주고 받는 한편, 우타의 우열로 사랑의 성패를 결정하는 장면도 있고, 승패를 결정하기 위해 격렬하게 노래를 주고받을 때도 있었다.

'모우아시비(들놀이)'는 마을 단위로 행해지는 것이 원초적인 형태이지만, 여러 마을의 청년이 모이는 경우도 있다. 그럴 때는 마을을 대표하는 가수들이 필사적으로 노래 경합을 연출하기도 한다. 오모로어에 '걸다'는 말은 마음을 상대에게 주는 것이며, '주는 것으로 상대의 마음을 허락함'을 의미할 것이다.

'모우아시비(들놀이)'는 옛날 '가미아소비(신놀이)'를 하는 마을의 제례로 이어지는 것이다. 예를 들어 오키나와 북부에 전해오는 '시누구'로 불리는 마을의 풍년기원제 등이 해당한다. 풍년제(豊年祭)는 신을 맞이하여 새로운 해의 풍요를 기원하는 의례인데, 그곳에는 신을 받들어모시는 향연으로 행해지는 춤과 노래와 더불어, 풍요를 기원하기 위한 성(性)의 해방, 자유연애의 장도 있었던 것 같다. 오키나와 본도 북부, 모토부쵸우〔本部町〕의 이노하〔伊野波〕에 전해오는 '무쿠쟈 춤'은, 바로 이 기원을 위한 성(性)의 교합의 모방의례이다. 일본 예부터 우타가키〔歌垣〕을 행한 츠쿠바뫼〔筑

널리 알려진
모우아시비(들놀이)

波山〕 등에서 행한 성의 해방도 그것이 발전 변형된 같은 계열의 것으로 생각된다.

츠쿠바뫼의 가가히(노래 경합)가 '…아가씨와 사나이가 모여 노래를 주고받는 갓어리(가가히)를 하는데, 남의 마누라에 나도 섞기리, 내 마누라에게 남도 말을 걸게나…'(《만요슈》 9권 1759, 高橋虫麻呂)라 노래하고 있는 것에서 엿볼 수 있다.

마을을 중심으로 행해졌던 이 풍년제에서 발전한 것이 '모우아시비'이다. '모우아시비'의 노래 경합은 개인 대 개인, 남성 대 여성의 형식으로 서로 주고받으며 전개된다. 집단으로 행하는 경우도 없지 않으나, 중심은 남녀가 노래를 주고받는다.

아마미〔奄美〕에서는 8월의 풍년제에서 '아부시나라베'로 불리는 집단 남녀에 의한 노래경합이 행해지고 있다. 풍년제라는 마을의 축제에서 행해지는 점, 집단으로 노래를 주고받는 점을 보면, 오키나와의 '모우아시비'보다 오래된 모습임을 알 수 있다. 아마미의 노래는 다음과 같다.

우타가케레카케레 나나츠야츠카케레	노래를 불러라 불러라, 일고여덟 소절 불러라
나나츠야츠가레야 야스사도야루	일고여덟 소절 정도야 간단한 것을
우만바우타구치누 구만바우타구치누	그쪽도 노래의 명수, 이쪽도 마찬가지
다게니우타구치누 데쇼부츠케레	서로 최고라면 자 승부를 걸자

우타스라바요카나 나카키라시스루나	노래라면 가나여, 노래 소절을 끊지 말아라
나카키라스우타야 키키야나라누	소절을 끊긴 노래는 도저히 들을 수 없나니
우타카와세카와세 후시가와세가와세	소절을 주고 받고, 구절을 주고 받으며
우타누가와레바도 후시누카와루	소절이 바뀌면 구절도 바뀌나니

(오가와 히사오〔小川學夫〕,
《민요 섬의 생활지〔民謠の島の生活誌〕》, PHP 간행)

오키나와 남부, 지넨손〔知念村〕 지나〔知名〕의 가케우타도 소개한다.

가이샤레

우친쟈시 아바과	종연은 아가씨의 것	
나카야 와가투유사	중간은 내가 갖겠소	남
우타누투미쿠챠 신토요	노래의 마지막은	
은나가 타마시	모두의 것이라오	여
아시비카이 야시가	들놀이를 나왔는데	
데이샤지 마니우체가	화장실은 어디에 두었는가	남
나카메 이리구치니 진토요	안의 앞 입구에	
가키테 우체사	걸어 두었지	여
잇타죠니 마츄미	당신 집 문앞에서 기다렸소	

카지마야니 마츄미	십자로에서 기다렸소	남
나리야 카지먀야야 진투요	그렇다면 십자로는	
마시야 아라니	좋지 않겠어요	여
카지마야니 마치네	십자로에서 기다리면	
카지누 무네치츄이	바람이 이야기해 줄터이니	남
나리야 잇타죠과야	그렇다면 당신 집 문앞이	
마시야 아라니	좋지 않겠어요	여
이카나우무라왕	어떻게 생각하건	
와가우죠니타츠나	우리집 문앞에 서있지는 마소	남
미구테 야누쿠시누 진토요	돌아가 집 뒤의	
구바누 시챠니	구바나무 아래에서	여
미규테 야누쿠시야	돌아가 집 뒤는	
우투루사누 나란	무서워 견딜 수 없소	남
니와바시루 아키테 진토요	마당을 열어	
이리테 타보리	들어오게 해주세요	여
니와바시루 아키테	마당을 열어	
이리부사야 아시가	들어오게 하고프지만	남
무시카 우야쵸데니 진토요	혹시나 부모형제에게	
시리라 챠스가	들킨다면 어찌하리오	여

(오키나와·치넨손〔知念村〕 照喜名朝一 씨)

이러한 가케우타의 문화는 널리 동남아시아, 중국에도 보인
다. 인도네시아의 블루 섬에서 행해지는 잉가 후카와 판툰 등
이 해당한다. 중국 운남 지방에도 남녀의 노래 대결이 성행했다

고 한다. 고대일본의 '우타가키〔歌垣〕''가가이〔嬥〕'로 불리는 제사, 풍속의 근원은 우타가키〔歌掛け〕, 즉 서로 노래를 주고받기에 있었다. 요컨대 우타가케 문화권은 동남아시아, 중국, 오키나와, 일본 본토로 이어지는 것이다. 그 범위는 소전문화권(燒畑文化圈), 조엽수림대(照葉樹林帶)와 겹친다고 지적하는 사람도 있다.

신관념(神觀念)과 세계관

창세(創世) 신화

17세기 이후, 중앙 슈리〔首里〕에서 쓴 문헌에 천지개벽의 신화가 수록되어 있다. 또한 아마미〔奄美〕에서 야에야마〔八重山〕에 이르는 각지에 형제자매 시조형 창세 신화가 전해지고 있다. 다양한 변화를 갖고 왕부가 기록한 문헌에 있는 것과 민간에 전해오는 구승과의 미묘한 차이도 있어 급작스럽게 정리하기는 어렵다. 전자를 왕조신화, 후자를 민간설화로 보고 특징적인 면을 소개하도록 한다.

● 왕조신화 신화 최초의 기록인 《琉球神道記》(1608년)는 다음과 같이 전한다.

― 긴마몬에 관해(이하는 바로 琉球國神道)
옛날 이 나라 태초에 아직 인간이 없을 때, 하늘에서 남녀 두 사람이 내려왔다. 남자를 시네리키유토. 여자를 아마미키유토라 한다. 두 사람이 함께 살았다. 이때 이 섬은 작았다. 파도를 타고 타시카토라는 나무가 떠밀려와 심어 산을 이루었다. 시키유토라는 풀을 심었다. 또 아단(阿檀)이라는 나무를 심었다. 점차 나라가 구도를 갖추기 시작했다. 두 사람은 음양의 화합은 없었다. 거처가 없었으므로. 과거의 바람의 인연으로, 여인이 잉태를 하여 마침내 세 아들을 낳았다. 첫째는 곳곳의 주인의 근본이 되고, 둘째는 축복의 근본. 셋째는 토민의 근본이 되었다. (이하 생략)

다음은 《오모로소우시》에 잇는 창세 오모로이다. 1632년에 편찬된 10권 52이다.

一	무카시하지마리야	옛날 태초에
	데타코오오누시야	태양신은
	기요라야 데리요와레	아름답게 비춰주셨네
又	세노미하지마리니	옛날, 천지의 태초에
		(태양신은 아름답게 비춰주셨네)
又	데다이치로쿠가	태양신 첫째아들이
又	데다하치로쿠가	태양신 여덟째아들이
又	오산시치에 미오레바	천상에서 내려다 보시면
又	사요코시치에 미오레바	진좌하시고 내려다 보시면
		(섬은 아직 생기지 않았다. 그래서 태양신은)

又 아마미키요와 요세와치에	아마미쿄를 부르시어
又 시네리키요와 요세와치에	시네리쿄를 부르시어
又 시마츠쿠레테테 와치에	섬을 만들라 하시고
又 구니츠쿠레테테 와치에	나라를 만들라 하시고
又 고코라키노 시마지마	많은 섬들
又 고코라키노 구니쿠니	많은 나라를 (만드시었다)
又 시마 츠쿠루기야베모	섬을 만들기까지
又 구니 츠쿠라기야메모	나라를 만드실 때까지
又 데다코 우라키레테	태양신은 소중히 기다리시다
又 세노미 우라키레테	태양신은 매우 기다리시다
又 아마미야스지야 나스나	아마미야 사람을 낳아마라
又 시네리야스지야 나스나	시네리야 사람을 낳아마라
又 시야리와스지야 나시요와레	혈통이 바른 사람을 살게 하셨네(하셨다)

 알 수 없는 점도 많은 오모로이지만 우선 위와 같이 해석했다.《류큐신도기〔琉球神道記〕》의 개벽 신화와의 차이점은《고지키〔古事記〕》신화에서 다카마가하라〔高天原, 일본 신화에서 하늘 위에 있으며 신들이 산다는 나라〕와 똑같은 천상세계의 주신(主神)은 태양신이며, 종신(從神)은 아마미쿄라는 것이 명확히 되어 있는 점이다. 태양신은 아마미쿄를 심부름꾼으로 두어 나라를 만들라 명했지만 좀체 나라 조성이 완성되지 않았다. 그것을 안타까워하면서 아마미쿄의 혈통을 낳지 말고 천상세계의 후예인 혈통 바른 사람을 살게 하라고 선언하고 있다. ‘시야리

세와우타키〔齊場御嶽〕

와스지야 는 미상어(未詳語)인데, 류큐 왕조의 정사《츄우잔 센칸〔中山世鑑〕》(1650년)의 창세 신화에도, 천제의 아들 딸을 하계(下界)로 내려보내 자손을 낳아 번영하게 하였으며, 아마미쿠의 아들이 번영한 것이 아님을 고려하여 해석해야 할 것이다.《츄우잔센칸〔中山世鑑〕》에는 아마미쿠의 국토 창조를 더욱 구체적으로 기술하고 있다.

먼저 첫번째로 구니가미〔國頭〕에 헤도〔辺土〕의 아스무이〔安須森〕, 다음으로 나키진〔今鬼神〕의 가나히야부, 다음으로 지넨무이〔知念森〕, 세와우타키〔齊場嶽〕, 야부사츠〔藪薩〕의 우라하라〔浦原〕, 다음으로 다마구스쿠〔玉城〕 아마즈츠, 다음으로 쿠다카〔久高〕 고바우숲, 다음으로 슈리숲, 마타마〔眞玉〕숲, 다음으로 섬들과 국가들, 산악과 숲들을 만드셨다.

오키나와 본도 북단, 구니가미〔國頭〕의 헤도〔辺戸〕, 나키진〔今歸仁〕, 남부의 세와우타키〔齊場御嶽〕, 구다카지마〔久高島〕, 그리고 슈리 성내의 성역인 슈리숲·마타마〔眞玉〕숲은 모두 류큐 왕조의 중요한 제사가 행해지는 곳이며, 왕부의 신화 체계가 더욱 정비되었음을 엿볼 수 있는 대목이다.

《츄우잔센칸〔中山世鑑〕》에는 그 뒤에 아마미쿠가 하늘로 올

문헌	琉久神道記 1608년	오모로소우시 1623년	中山世鑑 1650년	中山世鑑 1650년	琉陽 1745년
늘의 세계관	있음	있음	있음〔天城〕	없음	없음
늘의 주신	없음	데다코〔日神〕	天帝	없음	없음
토 창성의 명령자	없음	데다코〔日神〕	天帝	없음	없음
토 창성자	남 시네리큐 녀 아마미큐	아마미큐 시네리쿄	阿摩美久	남 志仁禮久 녀 阿摩彌姑	남 志仁禮久 녀 阿摩彌姑
간의 시조	시네리큐 아마미큐	아마미쿄 시네리쿄	天帝의 자식(남녀)	천제의 아들	천제의 아들

여러 문헌에 보이는 천계(天界)와 신들의 관계

라가 오곡의 종자를 구해 내려왔다는 대목이 있다.

개벽신화는 이처럼 조금씩 변화하면서 왕부의 편찬으로 여러 문헌에 기재되었다. 그 천계관(天界觀)과 신들의 관계를 일람표로 보면 별표(다음 항)처럼 된다.

이 계통의 창세 신화는 벼농사와 결부된 신가(神歌)로서, 오키나와 본도와 그 주변에 떨어져 있는 섬으로 널리 분포되고 있다. 이러한 신가는 ① 아마미쿄·시네리쿄라는 창세신(創世神), ② 섬 만들기 국가 만들기, ③ 벼농사·농경이라는 구성 요소를 갖는 점에서 왕조 신화에는 벼농사 부분이 빠져 있던가 혹은 희박하다고 생각할 수 있다.

다음에 서술한 것처럼, 오키나와의 제사와 연중행사가 벼농사 농경의 사회를 기반으로 한 것을 보면, 이러한 신가의 내용과 분포는 오키나와의 문화사에 관심을 가질 때 특별히 주의해야 하는데, 그에 대해 다음에 서술하기로 한다.

● **민간설화의 창세**: 미야코지마〔宮古島〕에는 다음과 같은
이야기가 전해오고 있다.

아주 오래된 옛날 옛 적에 비나제 오누이가 살고 있었다. 어느
맑은 날, 사람들과 함께 들로 나가 밭을 일구고 있을 때 별안간
멀리 저편 바다에서 산더미 같은 파도가 몰려오는 것을 보고, 오
빠가 동생을 보살피며 높은 언덕 위로 올라가 화를 피했다. 주위
를 둘러보니 사람들은 한 명도 보이지 않고, 지상의 모든 것과
함께 파도에 휩쓸려 가버렸다. 오누이는 어쩔 수 없이 풀로 움막
을 지어 살며 부부의 정을 맺었다. 둘 사이에서 처음 태어난 것
은 아지카이(갯가재)이며, 그 다음에 인간의 아들이 태어났는데,
점점 퍼져나가 섬 전체에 사람들이 번창했다고 한다. 섬사람들
은 두 사람을 섬을 일으킨 신으로 제사지내고 있다.

(류큐대학 오키나와 문화연구소편
《宮古諸島學術調查硏究報告(지리 · 민속편)》, 1964년)

자매로 보이는 남녀를 인간의 시조로 삼은 설화는 이하 후유
우〔伊波普猷〕에 의해 고우리지마〔古宇利島〕의 사례가 소개된
것을 비롯하여, 미야코지마〔宮古島〕, 이시가키지마〔石垣島〕 등
멀리 떨어진 섬에도 보인다. 미야코의 설화는 오누이시조 전승
과 홍수 신화가 결부되어 있다. 홍수 전승에 대해 제임스 프레
이저(James Frazer)는 중국과 일본뿐만 아니라, 폴리네시아인 사
이에 널리 확대되어 있다고 한다.

오키나와의 신화는 왕조에 전해오는 신화, 민간에 전해오는

전승 모두 신화를 형성하는 구성 요소가 다양하게 혼합되어 있어 복합한 양상을 띠고 있다. 하늘에서 내려온 시조형과 오누이 시조형으로 크게 나누어지지만, 오누이시조형은 홍수 신화와 결부되어 있으므로 오누이시조형 홍수 신화라 할 수 있다.

미국의 문화인류학자 딕슨은 신화의 형태를 진화형과 창조형의 두 가지로 분류했다. 일본의 신화학자들은 일본의 개벽 신화는 그 두 가지의 복합에 따른 것이며, 이자나기·이자나미 신화는 자매시조형 홍수 신화의 단편이라는 사고방식이 형성되어 있다.

그러한 시점에서 오키나와의 신화를 재평가해 보면,《류큐신도기〔琉球神道記〕》와《츄우잔센칸〔中山世鑑〕》등에 보이는 '바람을 일으켜 나라를 낳다' '땅 속에서 시조 출현' 등은 일본 신화에 보이지 않는 요소이며, 폴리네시아 신화와 서로 비슷하다. 그럼에도 불구하고 '이리저리 표류하는 섬' '히루코' '하늘에서 내려온 시조' '벼농사' 등의 요소는 기본적으로 일본 신화와 공통하는 것이다.

어찌 되었건, 일본 신화와 폴리네시아 신화의 공통성, 유사성이 말해 주는 지금의 신화 연구의 진행 방법 가운데, 지리적으로 그 중간에 위치해 있는 오키나와의 신화 구성 요소의 연구는 소홀히 할 수 없다.

신관념과 세계관

한편 오키나와 고대 사람들의 신 관념을《오모로소우시》에서 보면, 각기 다른 발생 원리를 갖는다고 생각된다. 니라이·카테이 신, 아마미야·시네리야 신, 오보츠·가구라 신의 세 가지를 들 수 있다. 그리고 이러한 신과 그 세계관은 《오모로소우시》안에서 혼돈이 일어나 복합적인 양상을 보이는 것이 실상이다.

● **니라이·가나이(ニライ·カナイ)**: 니라이는 '바다 저편에 있는 뿌리의 나라' 이다. 니라이의 어원은 니[根]·라(지리적 공간을 나타내는 접미어)·이(방위를 나타내는 접미어)로 '뿌리 저편' 의 뜻으로 생각된다. 야에야마와 미야코에는 바다 저편의 세계를 '니라' 라 하며, 옛날에는 '니라(뿌리가 되는 곳)' 였는데 나중에 방위를 나타내는 '이[辺]'를 붙여 지리 공간을 확대했을 것이다. '니라이' 란 말에 함유된 몇 가지 관념을 문화적인 시점을 첨부하여 가설적으로 정리하면 '조상신이 계시는 뿌리의 나라' 가 원뜻이며, '뿌리의 나라' 에서 편안함을 구하려는 점에

'니라' 바위를 향해 나라이에게 기원하는 신녀(神女)

서, '죽은 자의 영혼이 가는 곳' 이라는 관념과, 살아 있는 사람에게 '행복, 풍요를 가져다주는 세치(영력)의 원천지' 라는 관념이 생겨났다고 생각된다. 또 죽은 자의 편안함을 구하기만 하던 공간에서 죽음과 연관된 공포스러운 어두운 지저관(地底觀), 해저관(海底觀)을 낳았다고 하는 마이너스 측면도 포함하면서, 그 모든 것을 살아 있는 사람을 위한 낙원으로 미화하여 이상화하고, 널리 알리는 '바다 저편의 낙원관' 이 만들어졌을 것이다.

예나 지금이나 니라이 신은 바다 저편에서 찾아온다고 믿고 있다. 다케토미시마[竹富島]의 서해안에는 니란석(나라의 돌)이 있고, 니라이(뿌리의 나라)에서 찾아온 신의 발판이 되는 땅이다. 또한 구다카지마[久高島]의 히타치 행사는 니라이 가나이에 대한 기원이며, 신녀가 동해안으로 나가 바다 저편 동쪽을 향해 절하고 있는데, 이와 유사한 기원은 오키나와 각지에 그 모습이 남아 있다. 미야코지마에 전해오는 신가(神歌)를 '니리' '닐' 이라 칭하는 것도 니라(뿌리가 되는 곳) 신의 노래라는 뜻이다.

니라이 세계관은 다음에 서술한 두 개의 세계관에 비해, 아마미, 오키나와, 미야코, 야에야마에 널리 전해오고 있는 것이 특징이다.

● 아마미야 · 시네리야(アマミヤ · シネリヤ): '북쪽에 있는 조상신의 고향' 이 아마미야이다. 오키나와 신화에서 창세신인 '아마미쿄가 있는 곳' 이란 의미를 원뜻으로 보고 있는데, '아마미쿄가 있던 곳' 에서 '아득히 먼 곳' 이라는 의미로도 사용되

며, 점차 '아득히 먼 시대' '옛날' 이라는 의미로까지 확대되어, 그 의미 쪽이 많이 사용되게 되었음을 알 수 있다. 《오모로소 우시》에 '아마미야' 의 뜻에 '옛날' 로 주석이 되어 있다. 관용에 대해 점차 '옛날부터 전통을 지닌' 혹은 '조상신으로 연결된' 이라는 의미가 함유된 미칭사(美稱辭), 존경사(尊敬辭)로도 되어 있다.

아마미야에 대해서는, 큐슈의 동남해안에 거주하는 아마베〔海人部〕와의 관계를 고려, 북방에서 점차 남으로 건너온 민족 이동을 시사한 말이라는 이하 후유우〔伊波普猷〕의 학설이 있다. 덧붙이면 아마미쿄는 아마(바닷사람)에서 아마베〔海人部・바닷사람들의 집단〕, 아마미로 변화하고, 말미에 접미경칭사 '코〔子〕'가 붙어 있는 아마베코〔海人部子〕, 아마미코〔奄美子〕로 숭배받으며 《오모로소우시》시대에 아마미코에서 아미미쿠 혹은 아마미쿄로 변화한 말이다. 나중에 와서 아만, 아아만, 아만츄 등으로 변화하여 오키나와 섬들의 신화, 설화, 신가 속에 모습이 남아 있게 되었다.

아마미쿄는 바다에서 올라온 신으로 자리매김되어, 사서와 전설에는 국토 창세신이 되었고, 도작(稻作) 신화, 그리고 벼농사〔稻作〕와 관련된 제사(시누구 운쟈미)와도 연결되어 있다. 민족과 신들의 출신지인 '뿌리가 되는 나라'를 뜻하는 니라이 신앙과, 조상의 거주지를 지향하는 아마미야 신앙은 중요한 부분에서 겹쳐 있다.

● 오보츠 가구라(オボツ・カグラ): 《오모로소우시》에 보이는

'오보츠'는 늘 지상세계와 대응하며 관념화되고 구조화된 천상세계이다. 원주에는 '비어 있다,'고 사서(古辭書)《곤코우켄슈우〔混効驗集〕》에도 '천상의 것을 말하다'고 되어 있고, 오보츠가 천상에 있는 성역으로, 신이 계신 곳이라 믿고 있음이 분명하다.

오보츠의 어원에 대해서는 아직 확실하지 않다. 나카마츠 야슈

신들이 깃드는 성역
〔具志川御嶽〕

우〔仲松彌秀〕는 오보츠 산, 오보츠 산악은 아마미 · 오키나와 제도에서 마을 신사의 진수(鎭守) 수호신으로 널리 분포되었고, 신사에 내방신(來訪神)이 최초로 발판을 둔 곳으로 일컬어진다. 이러한 촌락 수준의 오보츠 산이 국가 수준으로 천상의 오보츠 가구라로 모습을 바꿨다고 생각하면, 오보츠의 어원은 성역을 의미하는 오보(우브)와 관련된 말로 해석할 수 있다(상세한 것은 졸어《오모로소우시》고전 읽기 22를 참조).

궁정제사의 의례가(儀禮歌)로 편찬된《오모로소우시》1권에 오보츠 가구라의 신이 특별히 강조되고 있는 점, 중앙에서 멀리 떨어진 섬 지역(미야코 · 야에야마)에는 없는 것이 중요하다. 천계의 신과 지상의 왕권을 결부하는 의도가 확실하며, 쇼우신왕〔尙眞王, 1477-1526년 재위〕무렵 중앙집권과 왕권 강화의 시대를 반영한 신의 세계라 생각한다. 천계의 사상은 오키나와 고유의 것이 아니라, 중국의 도교와 일본 신도의 다카마가하라

〔高天原〕 사상의 영향을 받은 지식인들에 의해, 왕권 강화의 사상으로 육성되었을 것이다.

16,7세기에 왕부에서 편찬한 《오모로소우시》를 비롯한 여러 문헌에, 이러한 형태로 투영된 세계관과 신들은, 그 뿌리를 여러 섬·여러 마을의 고유 신앙에서 어떤 식으로 구할 수 있었을까. 또 고대 사람들에게 신앙되었던 신들은 현대 사람들의 생활 속에서 영위되고 있는 연중행사와 축제 속에 시대의 변용과 지역적 차이를 보이면서 살아 남아 있고, 행사와 제사의 의미와 성격을 분석하는 것은 오키나와 문화사를 이해하는 데 도움이 된다. 이러한 연구를 위해 개개의 행사와 축제의 상세한 조사 분석과 더불어 모든 지역적인 넓은 시야를 갖고 그 의미를 고찰하기를 바란다.

마을의 축제와 예능

마을 공동체 제사의 중심으로서의 우타키〔御嶽〕

오키나와에서 공동체의 제사는 우타키〔御嶽〕를 중심으로 영위되었다. 우타키는 마을의 수호신이 머무는 성역으로 생각된다. 마을마다 반드시 한 개 이상의 우타키가 있고, 우타키를 중심으로 신과 관련된 제사와 마을 공동체의 모든 사회활동이 행해져 왔다.

신이 머무는 성역을 아마미에서 오가미야마, 오보츠야마, 신

다이어그램 텍스트:
이비
(이비노마에) 돌담
온야[拜殿]
미야
(신의 마당)
도리이   돌담

미사키[美崎] 우타키와 우타키의 구조

산(神山), 구즈쿠, 오키나와에서 무이, 우간, 구스쿠, 미야코에서 무이, 구스쿠(스쿠), 야에야마에서 온, 우간, 와, 스쿠 등 다양하게 불리고 있는데, 일반적으로 총칭해서 우타키[御嶽]이라 부르고 있다. 우타키라는 말은 슈리 왕부의 지식인들에 의해 사용되며 관용화된 것이며, 본래 오키나와어에 없었다.

우타키는 보통 작은 언덕 위나 산의 중턱에 만들어지며, 고대의 마을은 처음 그 주변에 있었는데, 점차 평지로 내려온 것으로 생각된다. 높은 곳에 하늘로 솟아오른 듯한 공터가 있으며 구바노키[くばの木] 등이 있는 우타키의 표시가 되는 경우가 많다. 큰 나무를 신이 깃드는 곳으로 여겼을 것이다. 이헤야지마[伊平屋島]의 쿠바(くば)숲, 구다카지마[久高島]의 쿠보 우타키 등은 그와 같은 우타키의 형태에서 나온 이름이다. 우타키에는 좀더 성스러운 장소로 이비[威部]가 있다. 이비에는 커다란 바위와 거목이 있을 뿐이지만, 때로는 향로가 놓여 있는 경우도 있다. 향로는 보통 이비누메[威部의 앞]에 놓여 있다.

우타키의 구조를 야에야마의 '온[御嶽]'의 예로 들어 설명하려 한다. 먼저 '온'은 신이 깃드는 성역이며, 사람이 사는 생활 공간과 구별되어 있다. '온'은 보통 나무가 울창하게 우거져 있는 숲을 이루고 있다. '온'은 낮은 돌담(현재는 블록담도 있다)으로 둘러져 있다. '온' 정면에는 입구가 열려 있고, 야에야마의 '온'에는 도리이(㐬자로 서 있는 신사의 상징)가 세워져 있다. 그곳으로 들어가면 마당이 나온다. 신의 마당[神庭]이다. 신의 마당에는 봉납 예능이 연출된다. 신의 마당 안쪽에 가옥이 있는데, '온야[御嶽家],' 또는 '바이덴[拜殿]'으로 불린다. 온야 안쪽에도 마당이 있고, '이비'가 있는 성역으로 향한 문에 다다른다. 이 문 앞을 '이비노마이'라 칭한다. '온야'가 없는 '온'에는 신 마당 → 이비노마에 → 이비의 구조를 이룬다. '온'은 원칙적으로 남자금제(男子禁制)이지만, 야마닌쥬[山人數]로

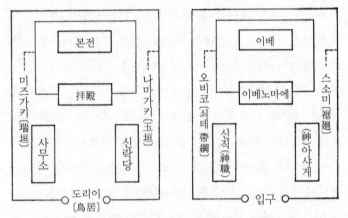

신사와 우타키의 구조 비교(미야기 신지[宮城眞治],
《고대 오키나와의 모습》에서)

불리는 제사집단은 그렇지 않다. 그러나 야마닌쥬〔山人數〕로서 이비에 들어가는 것은 허용되지 않으며, 온야 혹은 이비 앞에서 기원을 행한다. 이비 앞과 이비가 있는 공간은 돌담 등으로 가로막혀 있다. 이비는 성역 중의 성역이며, 온의 신이 왕림하여 진좌해 있는 곳이다. 이비는 아치 모양의 문 혹은 둥근 모양의 문을 빠져나가 들어가는 것 같이 되어 있다. 이비에 들어가는 사람은 츠카사〔司〕로 불리는 신녀와 보좌일 뿐이다. 이비에는 신체〔神体〕인 돌과 수목과 향로가 있고, 성목(聖木)으로는 쿠바, 마니 외에 가쥬말과 아코 대목(大木) 등이 있다. 또한 현재는 제사 때 봉납·여흥 예능을 위한 무대(방크)를 신의 마당에 상설한 '온'도 있다. 또한 온야 밑에 가마도 등이 갖춰져 있고 신에게 제사할 때의 부엌이 된다.

우타카의 구조에 대해 미야기 신지〔宮城眞治〕는 자신의 저서 《고대 오키나와의 모습》에서, 오키나와 고래의 신도(神道)와 일본 본토의 신도가 근원이 같다는 예로 다음과 같은 비교도를 실었다. 아직 학문적인 검토의 여지는 있지만 충분히 시사적이라 생각한다.

우타카와 비슷한 신앙적 기능을 갖고 있는 것으로 '도운〔殿〕'과 '가미〔神〕아샤기'가 있다. '도운'은 오키나와 섬의 중남부에, '가미 아샤기'는 북부에 분포한다. '도운'은 본래 노로와 근신(根神) 등 신직(神職)에 종사하는 사람들의 거주지를 의미하며, '가미 아샤기'는 신이 왕림하여 마을 사람들의 향연을 받거나 신놀이를 하는 곳인데, 두 가지 모두 우타키와 같은 신앙적 기능을 갖고 있으며, 우타키가 변용한 것이라는 사고방식도 있다. 요컨대 산이 높은 곳에 있는 우타키까지 가서 행하는 신에 배알하는 것의 번거로움을 경감하기 위해, 후세적으로 만들어진 것이 현재 볼 수 있는 '도운[殿]'과 '가미[神] 아샤기'라는 사고방식과 같다.

오키나와 여러 섬의 연중행사

오키나와의 연중행사와 축제는 기본적으로 벼농사를 중심으로 한 농경 생활과 관련해서 조립되어 있다. 인간 역사의 시작이 극히 오래전부터 어획과 수렵도 있었던 것은 안다[安田] 시누구 등에서 볼 수 있는 신을 받드는 제사의 구성 요소로서 꾸며져 있는 점에서 쉽게 상상할 수 있다. 야요이시대 들어 벼농사를 행하게 되면서부터 생활이 안정되기 시작했고, 창세 신화와 설화, 신가, 연중행사, 축제의 구조 등에서 엿볼 수 있는데, 오키나와 역사 여명의 시대는 벼농사를 중심으로 한 농경 사회였음을 분명히 알 수 있다. 물론 바다로 둘러싸여 있는 섬이며, 조상신도 아마[海人]과 관련된 생활집단이므로 어획과 수렵도 행했겠지만, 연중행사와 축제의 구조는 농업에 깊이 뿌리를 두고 있음을 지적하고 싶다.

《오키나와겐지[沖繩縣史]》(제23권)에 따라 주요 연중행사를 다음 표에 기재한다.

농작물의 풍요를 기원하는 농경의례의 의미를 갖는 것으로, 2월의 우마치(보리 이삭 축제), 3월의 우마치(보리 수확 축제), 아부시바레(해충 구제 의례), 시쿄마(벼의 첫이삭 축제), 6월의 우마치(벼의 수확제), 탄투이(파종제), 타히네(감자 축제) 등이 있다. 게다가 야먀두미〔山留〕는 벼 성숙기에 금기라는 것이 있고,

오키나와 제도의 연중행사

월일	행사
1월	
1일	소과치(정월)
2일 혹은 3일	하치우쿠시〔初起こし〕·하치바루〔初原〕
7일	난카누시쿠·난카누스쿠〔七日節供〕
14일	투카웃카〔十四日〕·正月小·와라비소가치〔童正月〕=小正月
16일	쥬루쿠니치〔十六日〕·미사〔新佛〕
20일	二十日正月
※日 否定(12지에 따름)	투시비〔年日〕=生年祝
※4日 또는 12일	불의 신 강림
2월	
15일	二月마우치=보리이삭 축제
상순	시마쿠사라〔島クサラ〕
피안 진입 후	피안
3월	
3일	모래사장 내려가기
※日撰	三月우마치(보리수확제)
청명절	시미(청명제)
4월	
14·5일경	아부시바레=해충구제 의례
4월 중순에서 하순까지	야마두미(산머물기)=산에서 작업 금지
※日 否定	쿠시유쿠이(허리휴식)=3월까지의 사탕 제조 피로를 풀어 주기 위한 위로회
5월	
4일	웃카누히(4일의 날)=하리
5일	折目=창포절
※日撰	시쿄마 시츄마(벼의 첫이삭제)

6월

15일 전후	6월 우마치(6월 대축제)=벼의 수확제
24일 또는 25일	카시치(强飯) · 목욕=수확한 쌀을 조상님에게 올리고 목욕
24일 · 5일 전후	새끼줄치기(8월에 행하는 지역도 있음)

7월

7일	타나바타(칠석)=묘참배 및 청소. 조상 축제
구7월의 봉(盆) 전후	시누구 운쟈미(해신제)
13일부터 15일	시치과치(7월)=정령제

8월

8일	투카치
8일부터 11일	요카비=액풀이
10일	시바사시=악귀풀이
15일	8월15일밤 · 새끼줄치기
	8월놀이 · 8월춤

9월

9일	국화주=무병식재 · 행복 기원

10월

1일	카마마이(부엌돌기)=불조심
※日撰	탄투이(씨앗걷기)=파종제

11월

※日撰	타히네 · 타히나 · 타키시네=고구마축제
7일경	후치누유에=대장장이 축제
동지날	툰지(동지)

12월

8일	무치(떡)=귀신떡제, 액막이 기원
24일	바람풀이
31일	투시누유루(한해의밤)=섣달그믐날

'오키나와의 연중행사,'《오키나와겐지〔沖繩眞史〕》(제23권)

유카누히와 운쟈미(해신제)에서 행해지는 하리(노젓기 경주)는 유가후[世果報, 풍요의 뜻]를 기원하는 행사로 일컬어지며, 농경의례의 잔류로 인정하는 경우도 적지 않다. 또 섬 전체적으로 그물펼치기 행사가 존재하며, 그 의미는 지역에 따라 다양하지만, 총체적으로 승부에 따라 풍작의 길흉을 점치고, 니라이에서 행운을 끌어오려는 것이다.

연중행사는 이와 같은 농경의례와 관련지어 생각할 수 있는 것 외에, 조상 제사와 집 안의 건강을 기원하며 사악한 기운을 없애는 등, 그처럼 여러 의미가 복잡하게 얽혀 있으며 혼돈이 인정되므로, 간단하게 결론지을 수 없다. 각 행사의 구성 요소에 대해 상세한 검토가 요망된다.

각 지역의 축제

● **시누구(シヌグ)**: 주로 오키나와 본도의 북부와 동떨어진 섬, 중부 동해안 섬에서 행해지는 외에 아마미제도의 오키노에라부토[沖永良部島], 요론토[与論島] 등에서도 행해지고 있다.

현재 안다[安田]에서 행해지고 있는 시누구에 첫날 마을 남자들이 반나체로 산에 올라 기원을 한 후 몸에 나뭇잎과 덩굴풀을 감아 '에헤이휘이' 하고 외치면서 산을 내려온다. 산 아래에서 맞이하는 여성들을 남자들이 꺾어온 나뭇가지로 청하며 엉덩이를 때리는 시늉을 한다. 그리고 여자들이 바치는 술을 마시며 마을 안을 돌며 가가호호 벽과 밭두덩을 두드리며 돌고, 이윽고 해안으로 나가 몸에 감았던 것을 바다로 흘려보내며 물로

몸을 깨끗이 하는 형식으로 되어 있다.

축제는 이외에 '논의 풀뽑기 의례,' 배의 진수(進水, 새로 만든 배를 조선대에서 처음으로 물에 띄움)를 뜻하는 '야하리코 의례' '우시데쿠 춤' 등으로 구성되어 있다. 이 축제는 남성이 중심이 되어 행하며, 운쟈미의 여성 중심과는 대조적이다. 수확이 끝나고 다음의 새로운 풍작으로 옮겨가기 전에 행해지는 축제이다.

시누구의 의례는 '사악한 기운 없애기' 혹은 '어린이의 건강 기원' '자손번창 기원'이라는 학설이 많은데, 그 본질은 풍요를 기원하는 의례이다. 새로운 농작으로 옮겨가기 전에 행해지는 축제라는 점, 남신(男神)을 맞이하는 마을의 여성(신의 아내가 되려는 여성)의 엉덩이를 두드리는 것(마구와이의 모방), 논의 풀뽑기 의례(농경)가 있는 점, 배의 진수 야하리코 의례(바다와의 관련, 생명의 탄생)가 있는 점에서 그 본질을 읽어낼 수 있다.

현재 모토부〔本部〕 반도의 비세(備瀬), 구시켄〔具志堅〕, 이노하〔伊野波〕 등에서는 시누구 중에서 유가후(풍년) 기원행사를 행하고 있다. 우후유미로 불리는 행사로, 신녀들이 윤쿠이, 윤쿠이라 외치는 마을도 있다. 윤쿠이는 유쿠이(세상을 구걸하다)에서 세상(풍요)를 구걸하는 뜻이 있다. 시누구 속에 보이는 마을과 집의 부정씻김은 풍년을 바라는 목적을 위한 이의적인 요소로 생각된다. 혹은 사악한 기운 씻김을 행하는 것이야말로 풍년이 된다는 사고방식도 있다. 어찌 되었거나 풍년에 대한 바람이 시누구의 핵심으로 되어 있다고 생각한다.

● 운쟈미(ウンジャミ, 해신제): '시누구'와 대략 같은 지역에 분포하며 '시누구'와 교대로 격년(隔年)마다 행하는 마을이 많다. '시누구'가 남성의 축제인 데 반해 '운쟈미'는 여성의 축제이다. 축제는 3일 숭배 의례(닭의 날), 신맞이 의례, 그 다음에 항해 · 어획 · 수렵 모방의례, 신 전송 의

운쟈미〔猪獣り〕

례가 있고, 부인들의 '우시테쿠'로 옮겨간다(돼지날).

'운쟈미'의 본질도 '시누구'와 마찬가지로, 풍요를 기원하는 의례이다. '운쟈미'가 다음해의 풍요를 기원하며 신을 맞이하여 제사지내는 의례인 점에서 그것을 엿볼 수 있다. 음력 7월 보름에 행해지는 축제인데, 모토부쵸오〔本部町〕 일반인들은 보름의 축제는 '시누구'라 하며, 사키모토부〔崎本部〕, 세소코〔瀬底〕에서는 '우후유미 시누구'라 하지 '운쟈미'라 부르지 않는 것 같다.

안다에서도 '우후시누구'와 '시누구'는 기본적으로 같은데 어떤 이유에서 호칭이 다를까. 혹은 도작(농업)과 어업을 함께 행해왔던 생활집단이 풍요와 풍어를 기원하는 제사를 '시누구' '운쟈미'라 부르는 것도 생각할 수 있다. 벼농사 중심의 '시누구' 축제 중에 어로, 수렵의 모방의례가 보이는 것도 그것으

로 설명이 될 것이다. 나키진(今歸仁)에서는 지역에 따라 '운 쟈미'와 '우후유미'라는 호칭이 있는데, 축제의 내용은 기본 적으로 같다. 오기미촌(大宜味村) 자나구스쿠(謝名城)의 '운 쟈미'에서는 '운쿠이'로 불리는 신맞이를 하는 것처럼, 이 또 한 풍년을 기원하는 '유쿠이'와 같다. 어로, 수렵의 모방의례 는 풍요로운 세상을 기원하는 기원의례이다.

'시누구' '운쟈미'를 음력 7월에, 풍년제를 음력 8월에 행하 는 마을(이헤야(伊平屋) 등)도 있는데, 그 역시 근원은 벼농사의 풍요와 감사, 다음해의 기원을 담았던 것이 후세적으로 나뉘어 져 행해지게 된 것이 아닐까.

● 이자이호(イザイホー): 구다카지마(久高島)에서 12년에 1 번 소띠 해 음역 11월 15일부터 5일간에 걸쳐 행하는 축제이 며, 구다카지마에서 태어난 30세(소띠)부터 41세(범띠)까지의 모든 여성에게 신에게 봉사는 신녀로서 자격이 주어지며, 섬의 제사집단에 들어가 는 것이 인정되는 의식이다.

축제는 '이자이 호' 1개월 전에 행 하는 '우구완다테 이(御願立)'부터 시작한다. 이것은 '이자이호가 무사

구다카지마(久高島)의 이자이호

히 끝날 수 있게' 바라는 제례 의식이다.

다음으로 축제가 시작되는 첫날, 조상의 '세지'를 계승한 '타마카에누푸티시지'가 있고, '난츄'(신이 되는 사람, 신을 받들 수 있는 사람)들이 조령신(祖靈神)의 세계로 들어가 일곱 개의 다리를 건너 신사에서 치성을 드리며 밤샘을 하는 '유쿠네가미아시비'로 들어간다. 이틀째 '난츄'들이 신녀가 되었음을 신에게 드러내는 '카시라라리아시비'로 전개한다. 사흘째 난츄들은 호카마닌츄(外間根人)에게 이마에 경면주사를 발라 '경면주사 바르기' 의례를 받은 다음, 호카마(外間) 노로에서 난츄의 '스지 붙이기'가 행해진다. 그후 제사집단에 들어갔음을 널리 알리는 '하나사시아시비' 원을 그리며 추는 춤이 있다. 나흘째 배로 '니라이 가나이' 신을 보내는 '아리쿠야' 그물 의식이 행해진다. 이 날 아침 '노로' '야지쿠'들이 동방의 니라이 가나이를 향하여 '이자이호' 종료를 알리는 '틸르'를 읊는다. 닷새째되는 아침, 난츄를 포함한 모든 신녀가 각 '무투'(元家의 뜻)를 빙 둘러서서 '이자이호' 종료 '시디가후' 기원을 행한다. 이것은 5일간의 제례 의식이 끝난다. '이자이호'는 신을 받드는 신녀(神女), 요컨대 난츄의 인증식인데, 이 점으로 인해 '니라이'에서 내방신을 맞이하고 환대하며 축복을 주고, 또 전송하는 구성으로 되어 있다.

'이자이호'는 난츄의 인증식이라는 부분이 강조되고 있어 그 점에만 시점이 집중되기 쉬운데, 마을 축제의 기축을 이루는 매년의 풍년제가 더욱 크게 있으므로 그 축제에 참가할 수 있는 신녀의 인증식이라 할 수 있다.

● 우야간 축제〔祖神祭〕: 미야코의 오오카미지마〔大神島〕, 가리마타〔狩俣〕, 시마지리〔島尻〕에서 행해지는 축제로, 음력 6-10월에 먼저 오오카미지마에서 개최되고, 그것을 받아 음력 1-12월에 걸쳐 가리마타, 시마지리에서 행한다.

가리마타의 우야간

가리마타에서는 마을 전체의 무토우〔元〕인 우부쿠후무토우〔大城元〕 및 마이니야무토우, 니스니야 무토우, 자〔座〕를 중심으로 전개된다. 축제는 다음과 같이 구성되어 있다.

지구바나(제1회째) 우야간〔祖神〕을 맞이한다.

이구스칸(제2회째) 새로운 우야간을 뽑는다

마투가(제3회째) 마을에 있는 악령을 없앤다

아부가(제4회째) 아부가라는 땅을 밟는 지훈(땅밟기) 의례이며, 우야간들이 밭의 당을 확실하게 밟고, 악령을 쫓고 풍요를 기원한다

투랴기(제5회째) 겨울 축제의 최종회인 동시에 1년의 마무리를 행한다.

우야간〔祖神〕들이 밭의 '지훈'을 하여 악령을 쫓고 풍요를 기원하는 곳에서 우야간축제〔祖神祭〕의 본질을 엿볼 수 있다. 사

악한 기운을 없애고, 풍요를 기원하는 구조는 '시누구' '운쟈미'와도 공통되는 점이다. 또 같은 미야코의 축제인 '유쿠이'도 풍년기원 축제이며, 음력 9월에 행하는 것을 생각하면, '유쿠이' 역시 '시누구' '운쟈미'에 가깝다.

● **푸리(풍년제)**: 음력 6월에 행해지는 벼 수확제를 야에야마에서 '푸리'라 한다. 오키나와 본도의 6월 '우마치,' 미야코지마의 '부즈' 등에 해당한다. 이른다 풍년제인데, 남도 각지에서 행해지는 풍년제 가운데 야에야마의 '푸리'는 축제를 지탱하는 다양한 구성 요소를 갖추고 있으며, 좀더 구조적이라 할 수 있다.

'푸리'는 그해 풍요에 대한 감사 기원을 하는 '온푸리'와 내년의 예축기원(豫祝祈願)을 하는 '무라푸리'로 나뉜다. 이틀로 나뉘어 행하는 '푸리'는 첫째 날에 온[御嶽]을 중심으로 행하는 '온푸리,' 둘째날에 풍작 예축기원인 엔누유니가이[來年世願]이 있고, 각 마을마다 봉납 예능(奉納藝能, 旗頭・太鼓・卷踊・網引)이 행해진다. '온푸리'는 각 마을 모두 공통되는데 '무라푸리'는 마을마다 제사 방식에 차이를 보인다. '푸리'에서는 풍년을 부르는 신축제의 하나로 다음에 서술한 '아카마타・구로마타'도 행해진다.

다케토미시마[竹富島]에 전해오는 '타니둘(씨앗거두기)'은 음력 10월에 행해지는 씨뿌리기 축제인데, 파종에서 수확에 이르기까지의 다양한 요소가 봉납 예능의 내측에 내포되어 있어서 축제의 구조를 지탱하고 있다. 구조적으로는 푸리와 비슷한 것

같다.

● **아카마타 쿠로마타**: 야에야마의 아라구스쿠지마〔新城島〕,
이리오모테지마〔西表島〕의 고미〔古見〕, 고하마지마〔小浜島〕,
이시가키지마〔石垣島〕의 미야라〔宮良〕에서 행해지는 비제(秘
祭)이다. 축제는 '아카마타 · 크로마타'(고미에서는 '시로마타'
도 첨가)라는 풀로 만든 탈신〔仮面神〕이 바다 저편 '유라스크'
에서 유〔世, 풍요〕를 갖고 찾아온다는 것이다.

축제는 '푸리'로 불리는 풍년제의 '무라푸이'의 날 행해지며,
전날 유누슈비〔世首尾〕 · 반부도우기〔願解〕 의례를 받아들여,
앞서 서술한 것처럼 내년의 풍요를 기원하는 '엔누유니가이〔來
年世願〕'가 있다. 이 풍요 기원의 축제에 '아카마타 · 쿠로마
타' 신이 찾아오는 것이다.

이 축제는 공동체 구성원의 청년이 제사집단의 성원으로, 입
단할 수 있느냐 없느냐 하는 심사의례도 겸한다. 그러므로 공
동체 내의 청년들에게 하나의 통과의례로 되어 있다. 이러한 여
러 의례에 대해 공개 · 연구가 엄격하게 금지되어 있어서 이 집
단을 비밀결사적이라 한다.

야에야마의 '아카마타 · 쿠로마타' 역시 '뉴라스크'에서 내
방신을 맞아 풍년을 기원하고 풍요를 미리 축하하는 축제이다.

각지에 전해오는 축제를 이런 식으로 찾아보면, 오키나와의
연중행사, 축제의 대부분이 풍요를 미리 축하하는 기초임을 알
수 있다. 미야코의 우야간〔祖神〕이 초장신(草裝神)인 점, 야에

야마의 '아카마타 · 쿠로마타'가 가면 초장신(假面草裝神)인 점과의 공통성과, '이자호'와 '아카마타 쿠로마타'에 제사집단에 대한 입단의례가 보이는 점 등등, 모두 풍요 예축을 위한 축제의 구조를 유지하는 컴포넌트(구성 요소)의 하나로 볼 수 있지 않을까.

제사 예능

오키나와의 예능은 농경 사회를 배경으로 한 축제의 장에서 태어나고 자란 것을 특징으로 하고 있다. 농작물의 풍요에 감사하고 새해의 풍요를 미리 축하하기 위해 찾아오는 신을 기리며, 환대하는 자리에서 예능의 싹이 트게 되었다.

마을을 방문한 신은 '우타키(御嶽)'에 진좌(鎭坐)하게 되므로, 신에게 봉납하는 예능의 무대로 우타키 안에서 만들어진다. 그것이 일반적으로 말하는 가미나(神庭)이며, 혹은 야에야마에서 '반크'로 불리는 기미나(神庭)의 한 구석에 설치되어 있는 사지키(棧敷)이다. 그곳에서 마을 사람에 의해 연출되는 신을 환대하는 예능이 오키나와의 민속 예능의 원류가 되고 있다.

먼저 신들의 속박 속에 있던 고대 제사 중에, 생산을 의미하는 모방의례 등을 함유되어 예능의 조짐을 보이고, 그곳에서 건강한 마을 사람들에 의한 신 환대의 민속 예능이 태어났고, 그것을 기반으로 고도로 세련된 궁정 예능이 생겨나는 발전 단계에 있는 것으로 생각된다. 게다가 그 제사 예능, 민속 예능, 궁정 예능의 세 가지가 동시대에 공존하며, 현대까지 지속되고 있는 점 역시 오키나와 전통 예능의 특징이다.

오키나와 예능을 구승문예(口承文藝)와 결부시키면서 분류하면 다음과 같다.

제사 예능　시누구, 운쟈미, 이자이호, 우야간, 유쿠이, 아
　　　　　카마타 쿠로마타 등

민속 예능　에이사, 우스데크, 쿠이챠, 타나두이, 마키오도
　　　　　리(卷踊), 안가마, 치욘다라(京太郎) 등

고전 예능　고전음악, 고전무용, 고전극(메이지기(明治期)에
　　　　　생겨난 조우오도리(雜踊)과 가극 등은 준고전으로
　　　　　취급한다)

● **마을 연극과 장자(長者)의 우후슈(大主)**: 수확을 끝낸 마을에서는 금년의 풍요에 대한 감사와 내년의 풍요를 기원하는 축제가 행해진다. 말하자면 풍년제이다. 오키나와 각지에서 음력 8월 10일 전후에 개최되는데, 주요 구성 요소는 마을 연극과 8월 놀이이다. '놀이'는 우타키(御嶽)에 강림한 신을 환

대하는 신놀이로 유흥을 위한 놀이가 아니다. 이 '놀이'는 맞이, 정일(正日), 이별의 3일에 걸친 것이 일반적이며, 정일(正日)이 '놀이'의 본 프로그램에 해당한다.

그런데 마을 연극의 상연물은 '조자노우후슈(長者の大

'조자노우후슈(長者の大主)'

主〕'부터 시작하여 '이나즈리교겐〔稻摺狂言〕' '와카슈오도리〔若衆踊, 젊은이 춤〕' '니세오도리〔二才踊〕' '온나오도리〔女踊〕' '교겐〔狂言〕' '쿠미오도리〔組踊〕'으로 이어지는 것이 보통이다. 시작에 연출하는 '조자노우후슈〔長者の大主〕'는 마을의 장자가 부귀만복, 오곡풍요, 자손번창을 기원하는 말로서 자리를 펼치는 가무부터 시작하여, 잇따라 장자 자손들의 가무로 이어진다. 현행 우후슈〔大主〕는 마을을 대표하는 장자, 장로처럼 만들어져 있는데, 오리쿠치 시노부〔折口信夫〕도 지적한 것처럼, 그것은 타계(他界)의 성지에서 찾아온 조령신(祖靈神)을 예능화한 것이다.

풍요를 감사하며 기원한 축제의 자리에 조령신인 조자노우후슈가 출현하여 축하의 말을 탁선(託宣)하는 것 자체가 풍요의 예축이 된다. 그 때문에 이 대목은 다른 예능에 앞서 행해지고 있다. '조자노우후슈'의 발상은 궁정예능으로 창작된 '쿠미오도리〔組踊〕' 속에도 되살아나 연출되고 있다.

● **씨앗거두기 축제의 예능**: 다케토미시마〔竹富島〕의 타니도우루〔種子取〕 축제는 남도 각지에서 보이는 파종 제례 의식 대표격이며, 농작물의 풍요를 기원하는 것이다. 다케토미시마에서는 음력 9,10월 중 키노에사루〔甲申〕의 날부터 키노에우마〔甲午〕의 날에 이르기까지 11일간에 걸쳐 축제가 행해진다. 씨앗거두기 축제의 예능에는 마당의 예능과 무대의 예능 두 가지가 있다. 전자에는 '보우오도리〔棒踊〕' '우마누시야〔馬乘〕' '마미도마' '짓쵸' 등의 대목이 있다. 후자로는 '진누키욘긴

씨앗거두기 축제

〔贔狂言〕' '바라시키욘긴〔笑狂
言〕'으로 분류되는 교겐〔狂言〕이
있고 여성춤을 중심으로 한 무용
이 있다.

'진누키욘긴〔贔狂言〕'에는 '나
카스지혼샤〔仲筋長者〕' '하자마
장자' '유비키' 등의 '조자노우후
슈' 계통의 교겐〔狂言〕이 있고,
봉납 예능의 주요 대목으로 되어 있다. 또한 '카자후〔鍛冶工〕'
와 '다니마이〔種子蒔〕'와 같은 교겐도 있다.

한편 '바라시키욘긴〔笑狂言〕'은 관중의 떠들썩한 웃음을 기
대한 교겐〔狂言〕으로, '스룻쿠이' '바이사쿠다키욘긴〔南作田
狂言〕' '다쿠도우리이키욘긴〔蛸捕狂言〕' 등이 있다. 씨앗거두
기 축제의 예능도 오키나와 각지에서 행해지고 있는 마을 연극
과 같은 구조이다.

풍년제에 뿌리를 둔 민속 예능

● 우스데크(ウスデーク): '우스데크'는 여성만이 춤추는 집
단무용으로, 오키나와 본도 북부를 중심으로 행해지고 있는
'시누구' '운쟈미'의 중요한 구성 요소이다. 예를 들어 '운쟈
미'에서는 '니라이 가나이'로 신을 보낸 후, '아샤기' 마당에서
'우스데크'가 행해지고 있다. 예능은 북을 든 니도우이(상쇠잡
이, 音頭取)를 선두로 여성이 잇따르고, 마을의 '아샤기'와 궁

전 마당에서 빙둘러 원을 그리며 춤춘다. 원은 왼쪽돌기로 원을 그리듯이 진행한다. '우스데크' 노래는 류우카[琉歌]이지만 내용은 연가(戀歌), 교훈가(敎訓歌) 등이다. 춤은 합장하는 손동작, 밀어내는 손동작, 양손을 주물럭거리는 손동작 등 제사무용에서 보이는 손동작이 들어가는 것을 보면, '우스데크' 역시 '이자이호' '운쟈미' '시누구' 등으로 이어짐을 알 수 있다.

● 에이사(エイサー): 에이사는 옛날 봉오도리 행사에서 행한 예능이다. '에이사'의 어원은 '에사오모로'의 '에사'에서 구할 수 있다. '에사오모로'는 집단 무용이며, '에이사'는 여기게 염불춤을 가미하여 만들어 낸 것으로 생각된다. '에이사'의 기본 역시 둥근 원을 그리며 추는 춤인데, 이 둥근 원을 그리는 무용은 야마토의 풍류춤 계통이라 할 수 있다.

'에이사'는 봉오도리 행사의 하나이므로, 조령(祖靈)의 공양을 목적으로 하며, 시작할 때는 반드시 '마마우야[繼親] 염불' 등의 염불 가요를 읊는다. 악기는 산신[三線], 큰북, 파랑크 등이 사용된다. 남녀 혼성 무용인데, 남성은 산신, 북을 건장하게 울리고, 여성은 음곡에 맞추어 춤추는 형식이 일반적이다.

● 쿠이챠(クイチャー): '쿠이챠'는 미야코지마에 전해오는 예능으로, '쿠이챠아그'에 맞춰 춤추는 집단무용이다. 지역에 따라 남녀가 따로 조를 맞춰 둥근 원을 그리며, '쿠이챠아그'를 걸면서 춤추기도 한다. 춤은 격렬하고 강한 손뼉과 발박자, 그리고 뛰어올랐다 선회하는 것을 기본 동작으로 하고 있

다. 풍년제의 예능으로 춤추는 것 외에, 임시로 비를 기원하거나 신축과 결혼 축하연 때에도 춤을 춘다.

● **마키오도리〔卷踊〕**: '마키오도리'는 야에야마의 여러 제사(부리이 축제〔豊年祭〕, 기치이간 축제〔結願祭〕, 씨앗거두기 축제 등)에 마을의 우타키〔御嶽〕 신마당에서 춤춘다. 역시 '쿠이챠'와 마찬가지로 임시로 비를 기원, 축하연 등에도 행해진다. 명칭은 무용집단이 소용돌이처럼 원을 그리며 춤추는 것에서 따온 것으로 생각된다. 이시가키시〔石垣市〕 시카촌〔四簡村〕의 풍년제 '무라푸리'에서는, 마이츠바온〔眞乙姥御嶽〕의 신마당에서 각 마을 아녀자들이 마이츠바신에게 올리는 예능으로 춤을 춘다. 둥글게 원을 지어 왼쪽으로 돌아 선회한다. 이 원이 풀리는 것은 춤이 종반부에 다다르고 마지막 장단·추임새와 동시에 일동이 소용돌이의 중심에 모여 어지럽게 춤을 출 때이다. 이 어지러운 춤〔亂舞〕를 '가리'라 칭하고 있다.

● **앙가마(アンガマ)**: 야에야마에서 행해지는 예능이다. '시치이 앙가마'와 '분노소론 앙가마'의 두 가지가 있다. '시치이 앙가마'는 이리오모테지마〔西表島〕의 소나이〔祖納〕와 호시타테〔干立〕 등의 마을에서 행해지는 시치이 제례의 '유쿠이〔世乞〕' 제사 예능이다. 소나이에서는 안원, 바깥원의 이중 원이 각각 역방향(안원은 오른쪽, 바깥원은 왼쪽 방향)으로 돌도록 원이 행진하며 추는 춤이다.

정령 앙가마는 할아버지, 할머니를 중심으로 하는 탈·가장

(假裝) 집단으로 이들을 앙가마, 앙가마타라 한다. 또한 이들이 연출하는 예능도 앙가마라 한다. 이 앙마가마가 출현하는 것은 음력 7월 13일부터 15일까지 3일간이다. 그들은 후생의 세계에서 금생의 세계를 방문하는 정령이다. 앙가마 예능은 할아버지·할머니들이 조상의 영혼을 위로하는 취지의 줄거리 설명

에이사(위)와 앙가마

에 이어, 할아버지·할머니 두 사람이 '무장염불(無藏念佛)'을 춤춘 후 '붉은말 구절[赤馬節]' '독수리 구절[鷲鳥節]' 등의 가례(嘉禮) 가무로 좌석이 열린다. 그후 시끌벅적한 노래와 춤이 앙가마들에 의해 연출되며, 그동안 할아버지·할머니와 관중 사이에서 문답이 전개된다. 앙가마로 읊는 노래는 염불가요이며, 그 분장도 꽃고깔을 쓰는 등, 야마토[大和] 풍류계 예능의 영향이 보인다. 단 할아버지·할머니의 가무로 시작하여 자손들의 예능으로 전개하는 형태는 앞에서 본 '조자노우후슈[大主]' 본연의 모습과 겹치는 면이 있다.

● 촌다라〔京太郎〕: 촌다라〔京太郎〕는 가도츠케〔文付, 문 앞에서 노래 등을 불러 돈을 받고 돌아 다님〕 예인이며 또 염불자(念佛者)였다. 축복 예능으로 '만세' '어지행(御知行)' '말춤〔馬舞〕' '조자춤〔鳥刺舞〕' 등의 가무를 연출하는 이외에, '티라(절)'로 불리는 무대에 '후투키(부처),' 즉 인형을 춤추게 하는 인형가무였다. 염불자로는 피안, 연기제(年忌祭), 장례 의식 등에서 염불을 외고, 염불가요를 부르는 경우도 있다. 이 축복예능과 염불이라는 상반된 직능을 온몸으로 체득한 종교 예능자가 '촌다라'인데, 그 원류는 야마토의 종교 예능에서 구할 수 있다. 현재 촌다라 예능은 오키나와시 아와세〔泡瀨〕와 기노자촌〔宜野座村〕 기노자의 두 마을에서 명맥을 유지하고 있다.

궁정 예능의 성립

왕조문화가 성숙했던 17,8세기경 마을의 민속 예능의 밑바탕에 새로운 예능적 요소를 가미하면서 궁정 예능이 성립한다. 궁정 예능은 야마토 등의 수준 높은 예능을 의식한 지식인의 미의식을 뚫고 나와 태어났으며, 세련된 예능으로 구조적으로 조립되어 갔다.

고전음악

● 원류: 오키나와의 고전음악 원류는 그 가사인 우타〔琉歌〕

와 마찬가지로 《오모로소우시》 속에서 구할 수 있을 것같다.

〈왕부(王府) 오모로〉의 구절이 불교 성명의 영향을 받았음은 오래전부터 이야기되고 있었다. 오모로의 모태가 된 지방의 '우무이'를 노래하는 방법과 달리, 왕부 오모로를 노래하는 방법은 모음을 길게 빼고 신탁의 말을 넣는다. 현재 조금 전해지고 있는 '아오리야헤가후시' 등에서 특히 두드러진다.

8·8·8·6조로 정리된 후기 오모로가 우타[琉歌]에서 태어나 바뀌었을 무렵(아마 15,6세기로 예상된다), 성명풍으로 노래하던 '아오리야헤가후시'의 선율 속에서 우타[琉歌]의 옛곡[古曲] '大昔節'이 생겨났다고 생각하는 것이 자연스러울 정도로, 양자의 선율은 닮아 있다.

《류우카히야츠코우켄쥬우세츠류[琉歌百控乾柔節流]》(1795년)이라는 고가집(古歌集)의 서문에 "우타토산신노무카시하지마리야인코네아가리노카미노미사쿠(노래와 산신[三味線]의 옛 시초는 인코네아가리[犬子音東]의 신이 만드셨다네)"라는 우타[琉歌]가 보이다. "우타[琉歌]를 산신[三味線]에 실어 노래했던 아카인코와 네아가리 무렵이다"는 의미이다.

아카인코, 네아가리라는 사람들은 오모로 가창자로 유명하며, 그러한 점을 포함하면서 산신[三線]으로 불리는 악기가 오키나와에 들어왔던 것은 제2쇼우씨[第二尙氏] 3대째 쇼우신왕[尙眞王] 시대(1477-1526년) 이후에 중국에서 전래되었다고 생각된다.

● 탄스이류[湛水流]: 산신[三線]의 도래와 우타[琉歌]와의

결합에 대해 여전히 실증적인 연구가 요망되지만, 산신음악〔三線音樂〕의 기초를 확립한 사람은 탄스이의 우두머리 고우치 켄츄〔幸地賢忠, 1623-83년〕이다. 탄스이는 명문 출신으로 춤 봉행(奉行)도 역임했지만, 특히 산신음악의 발전에 심혈을 기울여 결국 탄스이류로 불리는 고도의 음악을 만들어 내게 된다.

● **구루룬시〔工六四〕와 군쿤시〔工工四〕**: 탄스이 이후, 타쿠시 료우타쿠〔澤岻良澤, 1653-1702년〕, 신자토 쵸우쥬우〔新里朝住, 1650-1713년〕, 데루키 나몬카쿠〔照喜名聞覺, 1682-1753년〕과 같은 사람들이 출현했는데, 몬카쿠의 제자 야카히쵸우키〔屋嘉比朝寄〕는 탄스이 이후 예풍을 정리하고, 옛 탄스이류에 대해 당대풍의 유파를 창설했다. '도우류〔当流〕'로 칭해졌는데, 그것은 지금까지 음악 전통에 요곡(謠曲)의 기법과 자유로운 독창을 가미한 것으로 산신음악의 커다란 개혁으로 보고 있다. 그는 중국의 악보를 본떠 〈구루룬시〔工六四〕〉라는 악보도 편찬했다.

이윽고 다음 시대에 지넨 세키코우〔知念績高, 1761-1828년〕를 나타냈는데, 그는 풍요로운 감성과 폭넓은 지식을 배경으로 악보 〈구루룬시〔工六四〕〉보다 우수한 〈군쿤시〔工工四〕〉를 고안하여 뛰어난 연기까지 포함하여 제자들에게 전했다.

● **아후소세이류〔安富祖流〕와 노무라류〔野村流〕**: 지넨〔知念〕의 수석제자로 아후소세이겐〔安富祖正元, 1785-1865년〕과 노무라 안쵸우〔野村安趙, 1805-1871년〕라는 두 걸출한 인재가

나타난다. 아후소는 아후소세이류〔安富趙流〕를, 노무라는 노무라류〔野村流〕를 창설했다. 아후소는 스승의 기교를 중시했으므로 기교적이라 할 수 있고, 노무라는 밝고 솔직한 기법을 주장했으므로 자연파라 할 수 있다. 하지만 두 사람의 차이점은 유파로 이름을 올리는 것이 아니라, 개성에 따라 '풍〔風〕'이라 하는 족이 어울린다는 학설도 있다. 어찌 되었건 두 파는 각기 개성있는 산센〔三線〕 전통을 오늘에 전하고 있다.

고전무용

오키나와 역사상 산잔〔三山〕시대에 츄우잔왕〔中山王〕 부네이〔武寧〕가 왕위에 올랐을 때 이후, 대대로 명나라에서 사신이 찾아와 책봉식이 거행되었다(1404년). 그 사신을 책봉사(册封使), 사신을 실은 배를 우쿠완신〔冠船〕이라 불렀다. 사신들을 접대하는 연희에서 보여주는 춤과 극을 총칭하여 우쿠완신우도우이〔冠船踊〕이라 했다. '우쿠완신우도우이'에 대한 오래된 기록이 없으므로 초기 무렵의 연희명은 알 수 없지만, 1719년 쇼우케이왕〔尚敬王〕의 책봉 때 '우쿠완신우도우이'에 대해 《중산전신록(中山傳信錄)》(청나라의 서보광(徐葆光)이 편찬한 책. 류큐의 세자(世子) 상정(尚貞)이 국왕(國王)이 되었을 때, 책봉(册封) 부사(副使)로서 류큐에 갔을 때 견문록(見聞錄). 1721년. 류큐 연구에 좋은 자료. 6권)이 전하는 바에 따르면, 무용과 극〔組踊〕으로 구성되어 있다. 이 '우쿠완신우도우이'가 오키나와에서 궁정 예능의 기초를 만들었는데, 다양하게 전해오는 고유,

외래의 여러 예능을 집성하여 새로운 극(쿠미오도리[組踊])을 만들었다. 무용을 정리한 것은 1718년에 춤 봉행으로 임명된 '우쿠완신우도우이'의 지휘를 맡은 다마구스쿠 쵸우쿤[玉城朝薫, 1648-1734년]이었다.

'우쿠완신우도우이' 속의 무용을 오늘날에는 궁정무용 혹은 고전무용으로 불리고 있는데, 극의 쿠미오도리[組踊]에 대해 하오도리[端踊]로 불리게 된다. 고전무용은 노인춤, 젊은이 춤, 니사이오도리(2세춤), 여자 춤(온나오도리)으로 나뉜다.

● 노인춤: 하오도리[端踊]의 중심은 노인춤으로 프로그램 처음에 반드시 노인춤으로 정해져 있다. 등장하는 할아버지·할머니는 마을 연극 '조자노우후슈[長者の大主]'에 보이는 조선신(祖先神)의 변신이며, 농촌의 제사 예능이 궁정 예능 속으로 편입되었음을 알 수 있다. 예능사의 발전이라는 시점에서 간과해서는 안 되는 부분이다. 노인춤은 〈가기야데후부시(오키나와 고전음악)〉 반주에 맞춰 춤춘다.

● 젊은이춤[若衆踊]: 노인춤에 이어 젊은이들 춤을 상연하는 것이 통례이다. 이 또한 마을 연극의 노인들 뒤를 이어 어린이들의 변신이라 생각하고 있다. 젊은이 춤은 겨드랑이 밑을 꿰매지 않은 긴 소매의 옷에 하오리를 겹쳐 입어 여자로 착각할 만큼 화려한 장속(裝束)이다. '고테이후시' '시키구도우치[四季口說]' 등이 전해지고 있다

● 니세오도리[二才踊]: 니세오도리는 니세[二才], 즉 젊은

남자의 춤이다. 검은 옷에 흰 머리띠를 매고 소개를 걷어붙이고 각반을 두른 장속이다. '누부이리구도우치' '구다이리구도우치'와 같은 도행(道行)의 춤으로 대표되는데, 야마토풍의 영향을 가장 많이 받은 춤으로 일컬어진다.

● 온나오도리〔女踊〕: 온나오도리는 고전무용의 대표적인 춤으로, 우아하고 아름다우며 화려한 춤이다. 그 중에서도 '슈도운〔諸屯〕' '누후아〔伊野波節〕' '츠이쿠텐〔作田節〕' '야나기〔柳〕' '아마카와〔天川〕' '가세카케〔紗掛〕' '누치바나〔貫花〕'는 '나나오도리〔七踊〕'로 일컬어지며 극히 아름답다. 온나오도리는 도우진〔胴衣〕, 카칸〔下裳〕으로 불리는 속옷 위에 빈가타〔紅型〕를 덧입고 '카무로우'로 불리는 머리모양에 보라색 띠를 두르고, 머리카락에는 조화〔造花〕, 육각형으로 접은 색종이를 꽂고, 붉은색 버선을 신고 있어서 보기만 해도 화려한 장속이다.

왼쪽부터 니세오도리〔二才踊〕(高平良萬歲) · 온나오도리〔女踊〕 ·
조우오도리〔雜踊〕(濱千鳥)

● 조우오도리〔雜踊〕: 이상에서 서술한 우쿠완신우도우이〔冠船踊〕, 즉 고전무용에 대해 메이지시대의 다마구스쿠 세이쥬〔玉城盛重〕 등에 의해 새로운 춤이 만들어졌다. 일반적으로 조우오도리로 불리고 있다. '하나후우〔花風〕' '문쥬루' '지지유야〔浜千鳥〕' '가나요 아마카〔天川〕' '하토우마후시〔鳩間節〕' '단챠메〔谷茶前〕' 등이 유명하다. 젊은 여성이 감색 바탕의 가스리(물감이 살짝 스친 것 같은 흐린 무늬가 있는 천)와 바쇼후〔芭蕉布, 파초의 줄기에서 뽑은 섬유로 짠 천. 여름 옷감을 오키나와 특산물) 옷을 가볍게 입고 춤추는 모습은 진중한 고전무용에 비해 너무도 서민적이며, 당초부터 인기가 대단했던 것 같다. 조우오도리는 젊은 여성이 춤의 중심이므로 앙과모이(언니춤)로도 불린다고 한다.

고전극(쿠미오도리)

'우쿠완신우도우이〔冠船踊〕'이 무용과 극으로 구성된 것은 앞에서 서술했지만, 《중산전신록(中山傳信錄)》에 전하는 1719년의 '우쿠완신우도우이〔冠船踊〕'는 오키나와에서 최초로 악극이 상연되었다. 그것은 쿠미오도리〔組踊〕로 불렸다. 당대 춤 봉행자 다마구스쿠 쵸우쿤〔玉城朝薰〕에 의해 창작된 것이며, 지금도 전해오는 '니도우데키우치〔二童敵討〕'와 '슈우신카네이리〔執心鐘入〕'이 프로그램에 보이고 있다. 당시 사람들에게 노래와 춤 사이에 대사가 들어가는 연극 구조는 완전히 새로운 경험으로, 대단한 감동과 평판을 불러일으킨 듯하다.

산신〔三線〕은 15,6세기경 전래되었고 춤도 아마 그 무렵부터 '우쿠완신우도우이〔冠船踊〕'속에서 궁정무용적으로 세련되게 변했을 터인데, 예

쿠미오도리 슈우신카네이리〔執心鐘入〕

술적인 무대극의 성립은 18세기 들면서부터이다. 다마구스쿠쵸우쿤은 20세 무렵부터 몇 회에 걸쳐 사츠마와 에도로 건너가 야마토 예능에 정통해 있었으므로, 그의 창작에 따른 쿠미오도리가 요곡〔謠曲〕, 노〔能〕, 교겐〔狂言〕 등의 영향을 강하게 받은 것은 부정할 수 없다. 그러나 섬들에 전해오는 전설, 설화를 소재로 하고, 극성(劇性)을 유지하기 위해 방언 고어(古語)를 적극적으로 받아들였고, 오키나와적인 8 · 8조의 음율로 정비하거나, 무용 역시 예부터 전해오는 '고네리' '시누구' 등의 제식무용(祭式舞踊)을 조합하는 등, 오키나와 예능의 내율성〔內律性〕을 끌어내며 전체가 구성되어 있는 점에 주목하기 바란다. 시마즈〔島津, 1609년 류큐 왕국 침략 · 유린하고 그 영토인 아마미 · 오시마 지역을 식민지로 편입〕의 류큐 침입(1609년) 전후를 경계로 들어온 사루가쿠〔猿樂, 일본의 고대 공연 예술. 헤이안〔平安〕시대에 시작하여 중세에 융성했는데 산악(散樂) 계통의 곡예, 무용, 무언극, 인형놀이 따위를 야외에서 공연〕의 노〔能〕의 영향을 받았으므로, 노의 예술 형식을 부분적으로 빌리면서 재래의

'마을 춤'에서 보이는 고대적인 정신과 오키나와적인 미학을 관통하는 형태로, 극성을 조립한 점에 쵸우쿤[朝薰]의 창안이 돋보이며, 쿠미오도리 성립의 독자성을 찾아볼 수 있다.

오키나와의 미와 형태

오키나와의 미학(美學)

● **소박한 아름다움**: 오키나와를 처음 방문한 사람이 먼저 매료되는 것은 벽돌지붕의 아름다움이 아닐까. 완만한 기울기, 따뜻한 소박한 멋이 있는 빨간 기와의 색, 그리고 빨간 기와 사이를 하얀 회반죽이 풍부하게 발라져 있는 모습이 무어라 말하기 어려울 정도로 아름답다. 빨간색과 흰색의 조화도 그러려니와, 암키와[平瓦], 수키와[丸瓦]의 틈 없이 꽉 들어차게 맞추고 흰색 회반죽의 풍요로운 질감이 대범하고 느긋하게 융합되어 있어서 너무도 남국적이다. 게다가 지붕의 중앙에는 가지각색으로 엉뚱하게 생긴 시사(지붕사자)도 얹혀 있다.

그러나 대범하고 아름다운 남국의 기와지붕은 아름다움을 추구해서 그렇게 만들어진 것이 아니라, 생활의 필요 속에서 우러나오듯 만들어져 소박하게 거기 서 있는 것이라 생각한다. 비바람이 심하고 종종 태풍의 습격을 받는 오키나와에서, 처마와 차양은 깊을수록 좋았을 테고, 깊은 처마에는 골격이 튼튼하고 넓은 지붕이 필요했으며, 확실하게 맞물리는 암수키와가 요구

된 것은 당연할 것이다. 암키와〔平瓦〕를 얹는 것만으로 비바람을 견딜 수 있는 일본 본토와 달리, 오키나와는 다시 회반죽으로 암키와·수키와를 맞물려가며 바람을 견뎌내야 했다. 산호초가 풍부한 오키나와

지붕기와와 시-사(지붕사자)

는 회반죽은 화려한 사치품이 아니었고, 미를 의식하고 미를 만들어 내는 재료로 사용되었을 것이다. 주변에 있는 소재를 활용하여 지켜낸 생활의 지혜이다.

생활 속에서 태어난 소박한 아름다움, 생활의 땀내음이 베어 있는 아름다움이라고나 할까. 그것은 빨간기와와 하얀 회반죽을 칠한 기와 지붕뿐 아니라 도기(陶器), 칠기(漆器), 염직물 등에도 공통으로 보이는 소박한 아름다움이다.

오키나와의 조형미에 대해 종종 '부드러움' '느긋함' '따뜻함' 이라는 말로 표현되는데, 섬에 살고 있는 사람들의 서로 비슷한 생활의 마음씀씀이이며, 그 자체가 미의식, 미적 조형이라 할 수 있다.

하지만 그것은 미적 감각의 본디 성질이나 바탕이라고나 할까, 미의식을 만들어 내기에 풍요로운 토양임에는 틀림이 없다. 미의식이 생겨날 만한 움돋이가 된 그것을 나는 '소박미'라는 표현으로 묶어두고 싶다. 민예적 작품뿐만 아니라 왕조 예술까지 포함하여 오키나와의 모든 조형에 녹아 있듯 구현되어 있는

'소박미'는 생활의 마음씀씀이, 배려에서 '아름다움'을 만들어
내기 위한 원천이었다고 할 수 있을 것이다.

● **깨끗하고 맑은 아름다움**: 오키나와에는 '아름답다'를 츄
라산(깨끗한 모습)이라 한다. 옛날에는 화려하게 아름답다, 반
짝반짝 빛나듯 아름답다는 의미로 사용되었다. 앞에서 예로 든
일출의 아름다움을 예찬하는 오모로의 '키요라(맑음)'와 꽃과
달의 아름다움을 말하는 류우가〔琉歌〕의 '키요라사(깨끗함)'
등에서 그것을 엿볼 수 있다. 요컨대 '깨끗함'은 왕조시대의 문
예에서 볼 수 있는 밝은 미의식이다. 《오모로소우시》속의 '깨
끗함'의 성숙은 '깨끗한 아름다움(청량미)'의 발생이 쇼우신〔尚
眞〕왕 시대의 왕조문화에서 구할 수 있다고 생각한다.

《다케토리모노가타리〔竹取物語〕》(헤이안 왕조)의 가구야히메
가 승천하는 대목에서 사용되고 있는 '맑음'은 반짝반짝 빛나
듯 아름답다는 의미이며, 오모로어의 그것과 상통하는 면이 있
다. 적어도 '깨끗함'과 같은 청정미를 의미하는 것과는 다른 '맑
음'이 왕조문화 속의 미의식으로 자라고 있었음을 알 수 있다.

오키나와에서 그것이 오모로와 류우가를 전하고 키요라 →
키요라사 → 츄라상으로 말의 모양이 변화하면서 오늘날까지
살아남아 사용되고 있다. 게다가 그것은 예나 지금이나 '아름
답다'고 하는 미감(美感)의 대부분을 포괄하는 말로, 츄라상 이
외에 아름답다는 것을 표현하는 말이 오키나와에는 없다. 왜냐
하면 오키나와에는 '키요라(깨끗함)' 이외의 미의식, 예를 들어
우미(優美), 전아(典雅), 요염한 아름다움이라 할 수 있는 아취

가 풍부한 아름다움을 만들어 내지 못했으므로, 그에 걸맞은 언어를 창조한 것이 아니라, 아름다움의 모든 츄라상만으로 나타내려 한 것이라 할 수 있다. 그러나 왕조시대에 '깨끗한 아름다움'이라는 미의식을 길러내면서도, 그 밑바닥에서는 바닥 깊숙이 '소박미'의 미감이 흐르고 있다. 부드러움, 대범함, 밝음이라는 말로 표현되는 '소박미'는 생활 깊은 곳까지 파고들어 있으며, 오키나와에서 태어난 모든 예술의 원천이 되고 있다. 그곳에 오키나와 미학의 특질이 있으며, 또 그것은 새로운 미적 창조의 원천이 되기도 할 것이다.

● **스스로 만들어 낸 미학**: 오키나와에서 생겨난 조형미를 역사적으로 받아들이려 할 때 느끼는 것은 1609년 사츠마의 류큐 침입 이전과 이후에는 상당히 아취가 다르다는 점이다. 특히 역사가 활기를 띠었던 쇼우신왕〔尙眞王〕시대의 모든 조형에 웅건, 장대한 기운이 보이는 데 비해 사츠마 침입 이후가 되면, 미의 구도가 총체적으로 작아지게 된다. 그러나 남국 특유의 느긋하고 굳건함, 부드럽고 대범함, 밝고 화려함 등은 왕조시대를 꿰뚫으며 표현된 특징적인 미질(美質)이다.

오키나와에서 태어난 예술의 특질에 대해서는 이미 이토 츄타〔伊東忠太, 1867-1954〕박사도 말했던 것처럼, 일본과 중국을 기초하면서 조선·안남·타이·말레이시아·수마트라 등의 영향을 받은 점과, 그들의 문화 속에서 보이는 미의 질감을 오키나와적으로 받아들이면서, 오키나와의 국토와 정서 혹은 사상에 걸맞은 아름다움으로 키워냈다.

외국의 수준높은 문화의 영향을 받으면서 오키나와의 향기, 오키나와의 맛을 뿌리 깊숙이 간직하며 자립시킨 오키나와의 미학은 그 자체가 아름다운 특징이다.

미술

● 회화: 오키나와의 다채로운 조형미 중에서 회화는 다룰 것이 없다고 하지만, 반드시 훌륭한 회화가 없었던 것은 아니다.

뛰어난 화가는 17세기 들면서부터 지리요우구스쿠마세이호우[自了城間淸豊]의 출현을 기다려야 하지만, 그 이전에도 미를 의식한 감상적인 회화가 묘사된 것이 《오모로소우시》에 보인다.

一	사스카사가 쿠니모리기야	신녀 사스가사가 국가를 수호하고 있네
	게라헤미야우부	아름다운 병풍은
	도요메바 미몬	아름다움이 높이 칭송받고 있어라
又	오오자토의 도요미모리	큰 마을의 유명한 모리[杜]에 있는 병풍은
又	사부로쿠가마코로코가	사부로쿠가 진짜 남자가 그렸다네
又	우마노가타 하리야리야니	말의 그림은 기세좋게 달리는 것처럼 아름답고

又 우시노가타 츠키야우야니　소의 그림은 뿔로 들이받는 것
　　　　　　　　　　　　　처럼 아름답고

又 아케즈가타 보디아우야니　잠자리 그림은 휙휙 날아오르
　　　　　　　　　　　　　는 것처럼 아름답고

又 하베루가타 마야우야니　　나비 그림은 훨훨 춤추고 있는
　　　　　　　　　　　　　듯이 아름다워라

　'가타'는 그림이란 뜻으로 현재 방언에도 가타라 한다. 보물
인 병풍에 말·소·잠자리·나비의 생태를 듬뿍 묘사한 화가
사부로쿠[三郎子]를 예찬하고 있다. 그것은 쇼우신왕[尙眞王,
1477-1526년 재위] 무렵 노래된 오모로로 보아도 지장이 없을
것이다. 그 이전의 회화로는 종교적 회화에 가까운 초상·인물
화가 보인다. 역대 국왕을 그린 우구어[御後繪]로 불리는 초상
화가 그 전형인데, 수연(愁然)한 구도와 존엄한 위용을 나타내
는 듯한 필치를 볼 수 있다. 복건계(福建系)의 불교와 예술의 영
향을 받았다고 할 수 있다. 오키나와 회화사의 선구적인 작품
이라 할 수 있으며, 거기서 자라난 궁정화가들이 중국의 남화
(南畵)로 불리는 수묵화와 산수화 혹은 일본화의 영향을 받으면
서 감상적인 회화를 그리게 된다. 오모로의 사부로쿠도 그 중
한 사람으로 생각된다.
　화가로는 천재적이라 할 수 있는 지리요우구스쿠마세이호우
[自了城間淸豊, 1614-4년]를 비롯하여, 고시켄야마구치소우키
[吳師慶山口宗季, 1672-1743년], 인겐료우자마미요우쇼우[殷
元良座間味庸昌, 1718-67년], 쇼우겐고코바시가와치요우안

〔向元瑚小橋川朝安, 1748-1841년〕, 모우쵸우키사도야마안겐
〔毛長禧佐渡山安健, 1806-65년〕 등이 활약했다. 야에야마에
서도 구라모토〔藏元, 관청〕에서 화가를 채용하여 야에야마 풍
속화를 그리고 있다. 기유나안신〔喜友名安信, 1831-92년〕이
그 이름을 남기고 있다.

● **조각**: 오키나와의 조각에서는 쇼우신왕〔尚眞王〕시대의 웅
건한 석조 조각이 두드러진다. 쇼우신왕시대 슈리성의 확장과

궁전, 신사, 불사(佛寺), 능묘 등이
잇따라 축조되었고, 건축에 부수
하여 그에 어울리는 조각을 실시
했다. 원각사 방생지석교(엔가쿠
지 호우쇼우치세츠쿄〔円覺寺放生池
石橋〕), 옥릉〔玉陵〕, 류우히〔龍
樋〕, 돌사자〔石獅子〕 등이다. 석
재도 석조 기술 모두 중국의 영향
을 받은 것인데, 나중에는 오키나

슈리성 정전(正殿) 앞
석룡주(石龍柱)
(오키나와현립박물관 소장)

와산 돌에 새긴 석조 조각도 만들었다. 슈리성 정전(正殿) 앞의
세키류츄우〔石龍柱〕, 칸카이몬〔歡會門〕, 즈이센몬〔瑞泉門〕의
돌사자 등이 그것이다.

사츠마 침공 후 석조 조각에는 쇼우신왕 시대와 같이 웅건한
작품이 보이지 않는다. 큰 석조물이 세워지지 않아 그에 뒤따
르는 석조도 생겨나기 어려웠으므로, 조각은 전체적으로 조잡
해져갔다.

공예

● **도예**: 오키나와의 도기에는 유약을 바르지 않고 거칠게 구운 아라야치〔荒燒〕와 유약을 바른 죠야치〔上燒〕의 두 종류가 있다.

남방계 도기법……오키나와에는 15세기경 샴주(라오론)의 양조법과 더불어 야라야치 가마의 소성법도 들여온 듯하며 그것이 도예의 창시였다고 생각한다. 그러나 그 이전 이미 안남 주변에서 유입되었다는 학설도 있다. 유약을 바르지 않은 술항아리와 물항아리가 왕성하게 만들어지게 된 무렵, 야에야마의 아라구스쿠지마〔新城島〕에서는 파나리야치로 칭하는 유약을 바르지 않은 도자기류가 만들어지고 있었는데, 남방계 도자기물에 비해 경도가 약한 것이 특징이다. 아라야치 가마 중 오래된 것은 나하의 츠보가와〔壺川〕, 츠보야〔壺屋〕, 미사토손〔美里村〕의 지바나가마〔知花窯〕, 요미탄손〔讀谷村〕의 기나가마〔喜名窯〕 등이다.

덧붙여서 안남(安南)의 기법은 백토로 성형하여 유약을 뿌리는 간단 명료한 방법이었는데, 오키나와에서 사용되고 있는 마가이(기법)은 그 영향을 받았다고 한다.

조선계의 도공……1617년 그때의 세자 상풍(尙豊)의 초청으로 세 명의 조선인 도공이 건너와 조선식 도예법을 오키나와에 전했다. 그때까지 남방계 유약을 바르지 않은 소박한 도기법은 그 이후 유약을 바른 본격적인 도예법으로 바뀌었다. 이른다

죠야치의 출현이며, 오키나와의 도예법은 획기적으로 혁신되어
갔다. 그후 중국식과 사츠마식의 도예법도 들어왔는데, 조선식
도예법은 그후 오키나와 도예의 주류가 되었다.

중국계 도기법……1671년 오키나와 도예사의 명공으로 일컫
는 히라다 덴츠우〔平田典通, 1641-1722년〕는 왕명을 받고 중
국으로 건너가 중국의 도예법을 배워 귀국했다. 그는 중국에서
배운 아카에〔赤繪〕 기법을 오키나와에 전하여 오키나와적 개성
이 풍부한 아카에를 탄생시켰다.

그후 아카에를 주류로 하는 사츠마식 도기법도 들어왔는데,
오키나와의 아카에는 중국과 사츠마 계통의 적회(赤繪)보다 강
한 색조임에도 불구하고, 히라타〔平田典寬〕, 나카소네 기겐〔仲
宗根喜元〕, 나칸다카리치겐〔仲村渠致元〕이 나왔고, 남방계·
중국계·조선계·사츠마계 도기법을 오키나와식으로 융화시
켜 독자적인 오키나와 도예법으로 발전시켜 갔다.

오키나와의 도자기물은 그 종류도 모습도 다양하다. 지이시
가아미〔廚子甕〕, 아와모리츠보〔泡盛壺〕, 미즈가메〔水甕〕, 안다
가메〔油甕〕, 완부우〔鉢〕, 안빈〔水土瓶〕, 츄우카아〔小土瓶〕, 카
라카라아〔酒器〕, 마카이〔碗〕, 다치빈〔携帶用酒器〕, 하나다테
〔꽃통, 花立〕, 향꽂이, 향로, 접시, 항아리, 흙항아리〔土瓶〕, 차
주전자〔急須〕, 찻잔〔湯呑〕, 잔〔盃〕 등이 있는데, 이들 도예품의
굽기, 포름, 유약 바르기의 전부에서 너무도 오키나와답고 느
긋함과 부드러움이 베인 조형이 보인다.

● 칠기공예:《큐우요우〔球陽〕》에 1427년 명나라 선종(宣宗)

이 사자 사이잔〔柴山〕을 중산왕(中山王) 쇼우하시〔尙巴志〕에 파견되어 '생옻을 팔게 했다'는 기사가 보인다. 그것은 오키나와에서 쇼우하시시대 이전에 칠기(漆器)를 사용하고 있었음을 추측케 한다. 하지만 이후 17세기 무렵까지 오키나와의 칠기공예가 어느 정도였는지 알 수 없다.

칠기공예 창시의 절대 연대도 알 수 없는데, 14세기부터 15세기에 걸쳐 일본과의 교역에서 옻과 더불어 칠기공예 기법이 전해졌고, 17세기 초기 중국의 칠기공예 기술도 도입되었다는 사고방식이 통설로 되어 있다. 그러나 생옻이 오키나와에서도 채취된 점과, 1392년 빈인〔閩人〕 36성의 귀화에 의한 문화적 영향 등과도 관련되어 있어서 칠기공예의 시작을 15세기 쇼우하시 시대로 보고 있다.

어찌 되었거나 슈리 왕부에 가이즈리〔貝摺〕 봉행소가 존재했던 것이 봉행 임명 기록(1612년)에 보이는 점에서, 17세기 초기에는 칠기가 본격적으로 만들어졌음을 알 수 있다. 게다가 가이즈리〔貝摺, 조가비 등을 갈고 닦아 세공을 하는 일〕란 말에서 당시 주요 칠기공예품은 나전이었음을 알 수 있다. 나전에 사용된 야광패(夜光貝)는 오키나와 특산품이며 교역품으로 중시되었다. 1372년 이후 명나라와 교역품에 야광패가 두드러지는 점과, 일본과의 교역에서도 야광패는 진기하게 대접을 받은 점에서, 그들의 영향을 받으면서 오키나와에도 나전은 좀더 중요한 칠기공예품으로 육성된 것으로 생각된다.

오키나와에 전해오는 칠기공예 기술로는 나전 외에 친킹〔沈金〕, 하쿠에〔箔繪〕 등도 보이는데, 나전에 이어 주목받는 것이

츠이킨[堆錦]이다.

츠이킨[堆錦]은 오키나와 독자의 기법으로 알려져 있으며 현재도 많이 생산되고 있다. 《큐우요우[球陽]》등의 기록에 따르면 1715년에 보우코우토쿠히가죠우쇼우[房弘德比嘉乘昌]에 의해 시작되었다고 한다. 그러나 1625년 명나라의 기록에 '츠이킨[堆錦]'이란 말이 있는데, 최근 연구로는 중국과 타이에도 똑같은 기법이 보인다고 한다. 어찌 되었건 온도와 습도의 기후조건 때문에 오키나와의 츠이킨[堆錦]은 특징적이다.

오키나와의 칠기공예는 가이즈리 봉행소[貝摺奉行所]를 두었던 17세기부터 성행했는데, 18세기 들어 나전도 최고의 전성기를 맞이하며, 츠이킨[堆錦]도 더욱 기법이 깊어져갔다. 1718년에는 장군가에 헌상품으로 츠이킨[堆錦]이 보내졌고, 1777년에는 칠기공예의 기술자가 사츠마에 초빙되어 기술지도를 할 정도였다.

오키나와의 칠기는 특히 주칠(朱漆)이 뛰어나다고 일컬어지고 있다. 중국의 주황색 영향을 받은 탓일까. 건성유에 옻을 섞는 주도칠(朱塗漆) 만드는 방법에 오키나와의 퉁토가 적합했다고도 할 수 있고, 이 주칠을 칠하기 전 밑칠에 '돼지피 밑칠'을 사용했기 때문이라고도 한다. 기름과 돼지피 밑칠과 물과 산호초의 잘게 갈아 잘 조화하는 기술에서 오키나와 풍토에 맞는 칠기공예의 특징을 엿볼 수 있을 것이다.

● 염직물: 왕국시대의 오키나와 경제를 지탱하는데 직물은 극히 중요한 역할을 하고 있다. 14세기부터 16세기에 걸쳐 일

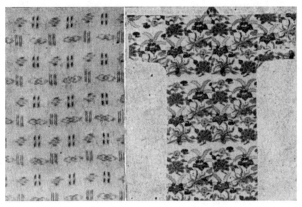

빈가타〔紅型〕 직물과 바쇼후〔芭蕉布〕(일본민예관 소장)

본과의 교역에 가장 이익을 가져다준 것은 중국의 견사와 견직물을 복건(福建) 시장에서 매입하여 효고〔兵庫〕와 사카이〔堺〕에서 교묘하게 파는 데 있었다. 또한 17세기 초기 사츠마 침입이후 왕부는 사츠마에 바치는 진상품으로 골머리를 앓았는데, 그때 미야코〔宮古〕, 야에야마〔八重山〕의 죠우부〔上布〕, 구메지마〔久米島〕의 츠무기〔紬〕는 여성의 인두세로 부과되었고, 국왕의 경제 위기를 극복하기 위해 헌납되고 있었다. 인두세뿐만 아니라, 당시 오키나와의 여성은 일상적인 노동으로 바쇼직〔芭蕉織〕과 목면직(木棉織)에 종사하여 왕국 경제의 기초를 지탱하고 있었으며, 오키나와 견직물의 아름다움 뒤에는 다양한 직물애사도 숨겨져 있다.

염색……오키나와의 소메〔染〕 하면 뭐니뭐니 해도 빈가타〔紅型, 오키나와 전통 염색법〕로 대표된다. 연지의 붉은색, 남청색이 주색이며 나중에 노란색이 들어오게 된다. 빈가타〔紅型〕의 원류는 남방의 갱사(更紗)에서 구할 수 있는데, 도안, 무늬의 연결은 차지하고 라도 그 외의 것에 대해서는 아직 확증을 얻을 수 없다. 형지(型紙)를 이용한 풀칠방염(糊置防染) 방식의 무늬염색기법은, 15세기 중엽, 중국 복건(福建)에서 전래되었다고 추측하고 있다. 풀칠방염 기법과 무늬는 일본의 유젠날염(友禪染)의 영향을 받은 듯한데, 이 또한 고증이 불완전하다. 도안, 무늬에 대해서는 중국풍, 남방풍도 보이는데, 좀더 많은 영향을 받은 것은 일본의 기법이다.

빈가타(紅型)는 이처럼 일본계·중국계·남방계의 영향을 받으면서 18세기 쇼우케이왕(尙敬王)시대에 확실히 오키나와풍으로 소화되어 오키나와 독자의 화조풍월(花鳥風月)을 받아들인 무늬가 성행하고 있다.

현존하는 빈가타(紅型)로 오래된 것은 구메지마(久米島)의 이나하아지쇼덴(伊敷索按司所傳)의 동의열지(胴衣裂地)로, 쇼우엔왕(尙円王)시대(1470-76년)의 것으로 추정되고 있다.

직물······염색이 빈가타(紅型)로 대표되듯이, 피륙 짜기(織)의 대표는 가스리(絣)일 것이다. 가스리는 인도에서 태어나 각지에 전해진 것으로, 네팔·티베트·아프가니스탄·중국 하북성·말레이시아·인도네시아·미얀마·타이 등에 가스리 계통의 직물이 보인다. 오키나와에 전래는 알 수 없지만, 14세기부터 16세기에 걸쳐 남방과의 교역시대에 가장 관계가 깊었던 샴(타이)·자바·말라카 주변을 경유하여 전해졌을 것으로 추측된다. 남방 각지에 전해오고 있는 가스리가 무겁고 두터운 데 비해 오키나와의 가스리는 시원하고 가벼운 특색을 보이고 있다. 오키나와의 가스리를 원점으로 일본 각지의 가스리가 만들어지게 되었다.

바쇼후〔芭蕉布, 파초의 줄기에서 뽑은 섬유로 짠 천. 여름 옷감을 오키나와 특산물〕는 특히 오키나와의 특산물이라 해도 좋다. '파초풀' 섬유로 짠 직물로, 가스리와 줄무늬가 많다. 16세기 《조선왕조실록》에 바쇼후〔芭蕉布〕에 대한 기록이 있으며, 사츠마 침공 이후는 중요한 공포(貢布)였다. 바사진〔芭蕉衣〕로 불리는 여름 옷은 까칠까칠하여 피부에 닿는 촉감이 좋아 오키나와의 서민들이 좋아했다. 본래 서민적인 생활용품이었는데, 현재 생산량은 격감했고, 늘 생산하고 있는 곳은 오키나와 본도 북부의 기죠가〔喜如嘉〕뿐이 되어 버렸다.

가스리에 이어 하나오리〔花織〕역시 오키나와 서민이 애용했던 직물이다. 변화무쌍한 직물로 중국에서 전래되었다고 한다. 중국에서는 다양한 몬오리류〔紋織類, 무늬직물류〕가 전래되었으며, 주로 공의(公儀)의 의복으로 가령 하치마치〔帕, 머리띠〕, 띠〔帶〕, 관복 등에 사용되었다.

남방의 파초와 가스리, 중국의 비단과 무늬비단, 일본의 목면과 염색을 불러들인 오키나와는 각각 고도의 문화로 받아들이면서 융화시켜 훌륭하게 오키나와풍 직물로 길러냈다. 이 또한 오키나와 염직물의 특징이라 할 수 있다.

건축(建築)

《명사(明史)》(1430년)에 오키나와의 민가는 일반적으로 빈약하고 오래된 혈거(穴居)였다고 기록되어 있으며, 《진간사록(陳侃使錄)》(1543년)에 따르면, 부귀한 집 두세 채가 기와지붕을 잇는 띠지붕이다. 바람이 불면 흔들린다고 기록되어 있다. 혈거(穴居)란 꽤 오래된 시대의 것이겠지만, 띠지붕이 많고 기와지붕이 적은 것은, 1925년경까지 이어온 오키나와의 일반적인 주거 풍경이기도 했다. 《류큐건축〔琉球建築〕》의 저자 나나베 히로시〔田辺泰〕는 오키나와의 건축에서 보이는 특징에 대해

1. 기본적으로 일본 건축이다.

1. 명나라, 청나라의 영향을 받았다.

1. 아열대라는 특수한 지리 조건 속에서 태풍에 대한 오키나와적인 창의성이 더해졌다고 기록되어 있다. 이것은 탁견이지만, 단지 다나베〔田辺〕가 말한 건축은 국왕을 중심으로 귀족, 사족의 모임에서 볼 수 있는 것을 가리키며, 중국의 영향이 보이는 것은 슈리 왕성을 중심으로 한 왕후귀족의 건축문화이다. 일반 민가는 일본 건축의 양식을 기조로 하며, 오키나와 풍토에 적합하게 고안되어 있다. 예를 들어 지붕의 깊은 굴곡, 지붕기와를 잇는 방법 등, 앞에서 서술한 것처럼 오키나와 특유의 것으로 볼 수 있다.

민가 중에서 대단히 확실히 중국의 영향을 받았다고 생각되는 것이 힌푼(돌담과 생울타리로 만들어진 앞가림)과 훌(화장실)이다. 지붕으로 향하면 정면에 솟아 있는 듯한 눈가리개가 있고, 이것은 힌푼이라 하는데, 힌푼은 그대로 복건 주변에서도 사용되었다고 한다. 훌은 화장실의 일종으로 돼지 사육을 겸한 것이다.

제3장

신가(神歌)에 보이는 미야코 〔宮古〕·야에야마〔八重山〕의 역사

이시가키지마〔石垣島〕, 한여름에 행해졌던 풍년제

미야코지마〔宮古島〕의 역사와 영웅들

미야코의 창세(創世)와 선사시대

일본 민속학의 창시자 야나기타 구니오〔柳田國男, 1875-1962. 민속학자〕는 일본인의 원류를 남방에서 구했다. 야나기타의 '해상의 길' 구상의 핵심이 된 것은 벼농사와 반짝반짝 빛나는 아름다운 자패(紫貝)였다. 그 자패의 거대 산지인 섬으로 주목받은 곳이 미야코지마이다. 미야코지마의 동북쪽, 대간조(大干潮) 때 모습을 나타내는 야에비시〔八重干潮〕야말로 자패의 보고(寶庫)였다. 그곳에서 잡은 자패가 벼농사에 종사해 왔던 일본민족 조상들을 남쪽 섬으로 불러들였다고 야나기타는 생각했다. 야나기타는 '미야코는 이상하게 역사의 행보가 격렬하고 천재지변의 압박이 강렬했으며, 사람들은 고통을 겪으며 교체가 심했고 따라서 언어문물이 심하게 교차되고 다양한' 섬으로 보았다.

미야코지마를 자연 조건이 혹독한 섬으로 본 것은 류큐 열도의 섬들을 높은 섬과 낮은 섬으로 나뉘는데, 지질학자의 분류에도 전형적인 낮은 섬으로 보였을 것이다. 또 미야코지마의 오래된 신가(神歌)에 물을 찾는 노래가 많고, 물찾기 → 우물파기 → 기우제 같은 구도를 만들어 냈던 발상으로도 찾아볼 수 있다. 이처럼 건조한 풍토가 다른 섬에서 유례를 찾을 수 없는

미야코 이케마지아〔宮古池間島〕의 야에비시〔八重干潮〕

서사가를 낳은 정신적 풍토를 만들어 냈을 것으로 생각된다.

미야코 출신 가와미츠 노부카즈〔川滿信一〕가 미야코의 문화에 대해 자연의 고갈과 인간의 갈증이 만들어 낸 '갈증의 문화'라 했는데, 그처럼 혹독한 자연 조건과의 싸움이 미야코인의 특질로 일컬어지는 아라라가마 정신('요까짓 것 뭐' 하는 고난에 굴하지 않는 정신)을 길러냈을지도 모른다. 느닷없이 문제를 현대로 연결해 버렸지만 옛날 창세기의 역사로 되돌아가 보자.

● 미야코지마의 개벽 전설:《미야코지마구기〔宮古島舊記〕》(1748년)에 따르면,

옛날, 고이츠노(남신)와 고이타마(여신)라는 두 신이 하늘에서 이 섬으로 내려와 소다츠신〔宗達神〕, 요시타마신〔嘉玉神〕이라는 두 신을 낳았다. 흙 속에서 화생(化生)한 草莊神(여신)을 소다츠신으로, 木莊神(남신)을 요시타마신으로 짝지어 부부로 맺어주고, 히가시나카소네〔東仲宗根〕, 니시나카소네〔西仲宗

根]를 다스리게 하여 미야코지마 도민이 번성하게 되었다고 일컬어지고 있다. 그 이야기 속에 하늘에서 아래 세상으로 내려와 섬을 만들었다는 천손강림전설, 바다 속에 던져 온 돌이 응집하여 섬의 모양이 만들어졌다는 오노코로 섬 전설이 투영되어 있다. 게다가 오키노에라부토〔沖永良部島〕, 요론토〔與論島〕, 이헤야지마〔伊平屋島〕, 이제나지마〔伊是名島〕, 오키나와 본도의 각 촌 및 주변에 떨어져 있는 섬에 전해오는 신화, 신가 등이 전하는 창세 신화와 기본이 같다.

미야코지마의 신앙 생활의 중심인 하리미즈우타키〔漲水御嶽〕(히치라시〔平良市〕)는 섬의 창세 신화로 고이츠노〔古意角〕, 고이타마〔姑意玉〕 남녀 두 신을 극진히 모시고 있는데, 이 우타키에는 《고지키〔古事記〕》의 미와산〔三輪山〕 전설과 마찬가지로 사람과 뱀의 혼인 전설(장자의 큰딸과 커다란 뱀의 설화)이 오싹하게 전해오고 있다. 또 섬 북단에 있는 가리마타〔狩俣〕의 우부구후우타키〔大城御嶽〕에 얽힌 사람과 뱀의 혼인전설〔人蛇婚傳說〕과 연관이 있으며, 미와산〔三輪山〕을 비롯한 일본 각지의 사람과 뱀의 혼인전설에도 이어져 있다.

미야코지마 역사의 여명시대는 천손강림 전설, 오노코로 섬 전설, 미와산〔三輪山〕 전설, 철의 도래 신가 등 불가사의하게 일본 본토와의 연관을 농후하게 전해오고 있는 것 같다.

● **선사시대의 특징**: 그런데 신의 전설을 인간의 역사와 연결하기 전에 미야코의 선사시대에 어떠한 것이 있었는지 고고학의 측면에서 들여다보고 싶다.

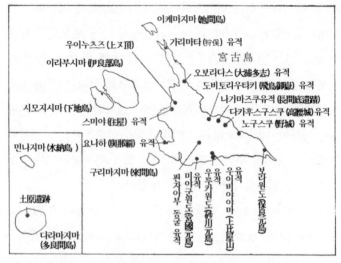

이케마지마 (池間島)

가리마타 (狩俣) 유적

우이누츠즈 (上又頂)

宮古島

이라부시마 (伊良部島)

오보라다스 (大浦多志) 유적

도비토리우타키 (飛鳥御嶽) 유적

나가마즈쿠유적 (長間底遺蹟)

다카후스구스쿠 (高腰城) 유적

노구스쿠 (野城) 유적

시모지시마 (下地島)

스미야 (住屋) 유적

요나하 (與那覇) 유적

민나지마 (水納島)

구리마지마 (來間島)

핀차아부 동굴 유적

미야구원도 (宮國元島) 유적

울루카원도 (符川元島) 유적

우이비아야마 (上比屋山) 유적

보라원도 (保良元島) 유적

土原遺跡

다라마지마 (多良間島)

미야코의 주요 선사유적

미야코지마에서 인류의 흔적을 찾으려면 우에노손〔上野村〕의 핀자 아부(산양의 동굴이란 뜻)에서 사슴과 홍적세 인류의 뼈 등이 발견된 것에서 시작되어야 한다. 이것은 옴키나와 본도 구시카미촌〔具志頭村〕 미나토가와〔港川〕에서 발견된 미나토가와〔港川, 1만 8천 년 전〕에 가까운 것으로 일컬어지고 있다. 그러나 핀자 아부에서는 인공유물이 발견되지 않아 문화 내용은 거의 엿볼 수 없다.

지금까지 연구에 따르면 남서제도의 신석기문화는 북부권〔種子·屋久諸島〕, 중부권〔奄美, 오키나와제도〕, 남부권〔宮古·八重山諸島〕의 세 곳으로 분류할 수 있다. 남부권은 일본 본토의 죠몽·야요이문화의 영향과 오키나와 선사문화의 파급은 인정되지 않고, 오히려 남방적 요소가 강한 문화라 할 수 있다. 그 점에서 조몬조기〔繩文早期〕 초두(初頭)의 토기문화로 개시된 오키나와 이북에 비해 두드러진 특색이다. 그러한 점에서 미야코지마의 고고학적 편년에 대해서는 아직 정설다운 것이 없다.

최근 보고된 나가마즈쿠유적〔長間底遺蹟〕의 조사에 따르면, 야에야마〔八重山〕과 같은 무토기신석기(無土器新石器)문화로 생각하고 있다. 지금까지 미야코지마 유적이 13세기경 이후의 것인데 비해, 새로운 고고학적 전개로 주목하고 싶다.

● **13세기말 고대유적**: 미야코의 고대유적은 우이비야야마 〔上比屋山〕, 보라원도〔保良元島〕, 우루카원도〔砂川元島〕, 미야 군원도〔宮國元島〕, 우이누츠즈〔上ヌ頂〕 유적 등이 13세기 후반 부터 15,6세기에 걸쳐 형성된 것으로 보고 있다. 예를 들어 미 야군원도〔宮國元島〕의 주거는 수혈(竪穴)을 포함하여 혈옥(穴 屋)이나 아나브리야로 불리는 토대 없이 그대로 땅에 기둥을 박 은 오두막으로, 판자를 초석으로 하는 건물로 추측되고 있다. 또한 도자기·철제품의 출토에서 해외 교역과 제련 기술의 존 재도 생각할 수 있다. 개략적으로 말하면 이 무렵은 겨우 원시 의 수렵, 어로시대에서 벗어나기 시작했고, 철제 농구도 이용할 수 있게 되는 정도의 농업 사회로 들어온 듯하고, 쌀·보리 재 배 농업이 행해지게 되었다. 게다가 외국, 다른 섬과 교역을 행 할 정도로 역사를 진행하고 있는 사회였던 것 같다.

이 무렵 미야코가 왕성하게 교역하려 한 모습은 중국의 사서 인 《원사(元史)》에 기재되어 있다. 1317년(원나라 왕조·류큐 三 山시대 초기 무렵)조에 〈미야코인〔密牙古人〕〉이 60여 명 싱가포르에 묵다가 귀국 도중 난파하여 그 중 열두 명이 표류하여 떠돌다 천주(泉州)에 닿았다고 한다. 미야코가 문헌에 등장하는 최초의 기사이다.

그 외에 15세기에 제주도인이 표류하여 떠돌다 요나구니(與那國, 태평양에 있는 섬)에 닿아 모국으로 돌아가는 도중 미야코의 여러 섬에 들렀을 때의 견문이 《조선왕조실록》에 기재되어 있다. 실록에는 야에야마의 각 섬을 비롯하여 다라마(多良間), 이라부(伊良部), 미야코지마의 생활·풍속이 자세하게 서술되어 있는데, 그 부분은 '15세기말 야에야마'의 항목에서 서술했으므로 그곳을 참조하기 바란다.

여권시대에서 남권시대로 ― '가리마타(狩俣)'에서 보다

가리마타(狩俣)의 우야간제(祖神祭)에서 노래하는 신가 '가리마타 우야간의 니리'는 마을 만들기(마을의 시작)를 노래하고 있는 긴 서사시이다. 이처럼 정돈된 형태의 전승은 지금은 가리마타 마을에 남아 있을 뿐이지만, 이로서 역사 만드는 법을 생각해 보자. 이 '니리'는 다섯 개의 장으로 구성되어 있다.

● **인격신의 출현**: 제1장은 먼저 데다(태양)의 우부아즈토요미야(大按司豊見親)을 노래한다. 다음은 촌락 창성의 신화를 바탕으로 한 니리를 노래한다. 산 후스라이(큰뱀신)라는 자연신의 정기를 받은 가리마타 시조(여성), 즉 조선신(祖先神)에서 마야노마츠메가 태어난다. 인격신의 출현이다. 마야노마츠메가

는 모모후사[百草], 야소후사[八十草, 주민]의 지배자로 군림하게 된다.

가리마타[狩俁] 동문(東門)

● **여성 우위**: 제2장은 갑자기 우부구후[大城] 마다마라는 여성 촌장부터 노래하고 있는데, 촌락 창성의 야마노마츠메가에서 우부구후 마다마까지 사이에는 시대적 격차가 있어 양자를 연결하는 계보는 알 수 없다. 우부구후 마다마 다음은 누가 누구를 낳고……라는 혈통적 줄거리의 구성이다. '최초로 낳은 자'로 다시 여성이 출현하고 있는 점은 제식의례(祭式儀禮)를 관장하는 여성 우위의 시대를 투영하고 있기 때문일 것이다. 두 번째로 남성이 태어났다. 그는 '집 밟기,' 즉 집의 중심이 되는 인격이며, 오키나와의 근인적(根人的) 존재이다. 세번째도 남성이다. 유마사즈(세상의 승자)라는 이름은 사회적 능력이 뛰어남을 뜻하며, 상징적 표현이다. 네번째, 다섯번째, 여섯번째는 여성의 출생인데, 갓난아기 때 죽는 칸누사아(신의 유괴자)이다. 일곱번째 여성 마즈마라를 티마사랴(손재주가 뛰어난 자)로도 불리는 것은 베짜기 등의 생산 기술이 뛰어남을 의미하는 상징적인 표현이다. 막내 마즈마라는 모친 우부구후 마다마의 뒤를 이어 가리마타의 여성 촌장이 된다.

● **부족의 투쟁**: 제3장은 마즈마라 여성 추장의 전성시대를 생활 활동(베짜기)로 상징하여 노래한 후 그 사적이 미야코 안으로 널리 퍼지는 동시에, 오키나와 어전[中山王]까지 알려진 것을 긍지로 삼고 있다. 뒷부분은 이 '니리'가 미야코가 오키나와를 의식하기 시작했을 때부터 이후 연대에 창작된 것임을 확실하게 말해 준다. 또한 미야코 전체가 아직 정치적으로 통일되지 않은 군웅할거시대가 아닌가 하는 추정을 하게 해주는 점은 15절까지 마즈마라 여추의 사적을 노래하고 있는데, 16절부터 시모지[下地], 스카마[洲鎌], 히라라[平良] 지방을 근거지로 한 다른 부족(요나하바라[與那覇原]의 군세)가 침략적 의도를 갖고 가리마타를 습격했으므로, 마즈라마의 조카와 마야노마부코이를 중심으로 촌락민의 힘을 모은 전투 노래로 구성된 것이다.

마야노마부코이의 이와 같은 영웅적 출현은 남성의 사회적 대두로 주목받아야 한다. 그것은 이윽고 시끄럽고 어수선한 세상에서 주술의 힘을 지닌 여추[女酋]의 군림시대에서 무력을 지닌 남추[男酋]의 시대로 바뀌려 하는 변혁의 전주(前奏)이기 때문이다. 그 시대는 요나하바라 군대의 역사적인 대두로 보아 14세기 중엽일 것으로 생각된다.

● **남권(男權)의 대두**: 제4장은 드디어 우부구후도노[大城殿]로 불리는 남성 권력자가 출현하고 남추[男酋]의 시대가 된다. 우부구후도노는 마을 공동체의 발전을 이야기하는 우물파기 추진자이며, 철제 망치, 손도끼 등을 지니고 마을민의 존경

을 받고 있는 영웅적인 인물이기도 하다. 여추〔女酋〕 마즈마라에서 남성 추장 우부구후도노로 권력 교대는 마을공동체의 발전과 부족간의 전투라는 사회적 조건 속에서 마을 통솔이 여권에서 남권으로 옮겨간 것을 울타리 밖에서 들여다본 것으로 생각할 수 있다.

● **정치적 사회의 성립**: 제5장은 우부구후도노의 뒤를 이은 유마사즈(세상의 승자)에 의해 축성·건축·조선·항해·무역이라는 사업을 잇따라 추진하여 그의 평판은 오키나와까지 알려지게 되었다고 구성되어 있다. 그 내용은 가리마타에서 정치적 사회의 성립을 어느 정도 엿보게 해준다. 때는 마침 요나하바라·메구로모리〔目黑盛〕 일족 등의 부족투쟁시대(14세기 중엽)을 거쳐, 15세기말 미야코지마 통일을 이루었던 나카소네 도우이미야〔仲宗根豊見親〕의 시대이며, 가리마타의 유마사즈는 지방적 아지 가운데 한 사람이었을 것이다.

미야코의 영웅들 — 문학으로 본 고대사

그럼 여기서 《미야코지마구기〔宮古島舊記〕》(1748년)가 전하는 영웅군상으로 눈을 돌려보자. 《미야코지마구기〔宮古島舊記〕》는 화려한 수사를 구사한 의고문으로 엮여 있는데, 그 중에도 영웅들의 지략과 권모술수, 무력과 투쟁, 승리와 패배를 주제로 한 영웅이야기는 용감하고 아름답다. 일본 중세문학의 군기물(軍記物)을 읽어보면 오키나와문학사상에서 이색적이다.

이러한 이야기는 니시메〔西銘〕의 아지, 도비토리야〔飛鳥爺〕, 이시하라구스쿠〔石原城〕의 우미치요 아지〔思千代按司〕, 시시마라 친자〔獅子眞良親子〕, 우키미조리도노〔起目翼殿〕, 이토카즈오오아지〔絲數大按司〕, 가리마타의 코마라〔小眞良〕는 도우이미야〔豊見親〕와 같은 영웅들의 투쟁과 흥망의 흐름 한편으로, 또 다른 쪽에서 요나하바라군〔与那覇原軍〕의 '효용(驍勇)' '무도(無道)'의 침략을 이야기하면서 메구로모리 도우이미야〔目黑盛豊見親〕부터 나카소네 도우이미야〔仲宗根豊見親〕로 이어지는 혈통의 탁월성과 정통성을 이야기하는 형식으로 꾸며져 있다.

● **도비토리야〔飛鳥爺〕와 우키미조리도노〔起目翼殿〕**: 특히 모노가타리〔物語〕 중에서 도비토리야와 우키미조리도노가 시라카와〔白川〕 해안에서 벌어진 전투를 전하는 이야기는 장렬하며, 고대 사회의 시작을 알리는 용맹한 모습을 보여준다.

무예가 뛰어나고 초인적이며 용감한 영웅 도비토리야가 지략과 모략을 겸비한 우키미조리도노가 쏜 화살에 맞아 죽어가는 장면을 노래하고 있다. 미야코 고대의 영웅 세계에서 지략과 모략, 책모를 드러내는 전술이며, 도비토리야는 지략과 모략에서 패배한 것이다. 미야코지마의 역사를 개척한 영웅은 도비토리야, 우키미조리도노에 이어 이토카즈오오아지〔絲數大按司〕, 메구로모리 도우이미야〔目黑盛豊見親〕, 메구로모리〔目黑盛〕와 싸운 7형제, 요나하바라군〔与那覇原軍〕 등이 나타난다.

● **요나하바라군〔与那覇原軍〕의 맹위:** 다음으로 '요나하바라 전쟁〔与那覇原戰爭〕'으로 불린 요나하바라군의 전투를 살펴보자. 요나하바라군은

병사 10행이 있는데 1행이란 1백 명을 말한다, 이 10행의 병사 모두 날래고 용감하며 무도(無道)하기 그지없다. 평상시 여러 마을을 공략하는 것을 즐기며 위협을 일삼으니, 옛날에는 서쪽의 1백 개 군(郡), 동쪽의 1백 개 군(郡)의 많은 마을을 요나하바라군의 병사들에게 절반이 넘게 패배했다.

이처럼 많은 마을들이 요나하바라군에게 유린당한 것은, 당시의 전투가 '전투에 패배했을 때는 그 마을을 불태우고 남녀노소 남김없이 살해하고 논밭을 약탈하는 풍속'이 있었기 때문일 것이다. 요나하바라의 군세(軍勢)가 미야코지마의 북단 가리마타까지 위협하고 있었음은 앞에서 서술한 '가리마타 우야간의 니리'에서 엿볼 수 있었다.

요나하바라군은 《미야코지마시뎬〔宮古史傳〕》(기요무라 恒任〔慶世村恒任〕)에 따르면, 오보라다스구스쿠〔大浦多志城〕 → 노자키무라〔野崎村〕 → 이리미야노〔西美野〕・미야노〔美野〕・미야노가마〔美野俄麻〕 → 가와미츠바라〔川滿原〕 → 우라노스마〔浦島〕 → 다카후스구스쿠〔高腰城〕으로 전쟁이 확대되어 거의 미야코지마 전역으로 세력을 뻗쳤다.

오보라다스구스쿠에서 요나하바라군의 맹위에 스러져간 사람은 당시 중국에서 원과 명나라와의 격렬한 전란을 피해 왔던

당나라 사람이다. 그들은 오보라다스 도우이미야〔大浦多志豊見親〕로 불리며 확실히 토착화해 있었으므로, '당인(唐人) 도래 아야고' 안에 섬을 확장해간 사람으로 칭송되고 있다. 그 아야고의 의역만을 소개하고자 한다.

오보라다스 도우이미야〔大浦多志豊見親〕는 당나라 복주(福州) 출생인데, 복주는 전란이 끊이지 않아 살기 어려웠으므로 배를 마련하여 천과 돛을 펼쳐 둘러치고, 포목과 실패를 비롯하여 옹기류와 깔개·돗자리·베개 등을 배에 싣고 남풍이 불기를 기다렸다 복주를 출발, 다음날 아침 일찍 大浦灣에 닿을 수 있었다. 재빨리 연기를 피워 생활을 시작했는데, 이라가의 맑은 물도 있고 田原田의 논도 보였다. 너무도 기쁜 나머지 집터를 마련하여 집을 짓고 마을을 일구었는데, 아내가 필요했으므로 嘉手제村에 구슬 같은 미인으로 후낫바라는 자가 있다는 말을 듣고 중매인에게 부탁하여 예단 품목 일곱 가지를 갖추어 아내로 맞아들여 마을 만들기를 시작했다.

앞서 서술한 '요나하바라군'으로 불리며 두려움의 대상이 되었던 이 대세력을 토벌한 자는 대담하고 용감하며 인자한 영웅 메구로모리 도우이미야〔目黑盛豊見親〕였다. 양 군대의 전투도 당초는 전투집단 요나하바라군이 압도하고 있었지만, 메구로모리는 신의 도움으로 힘들게 승리를 쟁취했다. 전투는 너무도 격렬하여 요나하바라군의

1천 명의 병사 가운데 7,8할이 사망하여 사체가 길을 가득 메웠고, 土堀川이라는 아부가와에 던져 넣으면 피가 흘러 큰 물이 나서 홍수의 바다처럼 붉게 물들었다

고 표현되어 있다.

　● **메구로모리 도우이미야〔目黑盛豊見親〕의 섬 통일**: 이렇게 해서 미야코지마의 병란은 일단락되고, 미야코지마 내의 패권은 메구로모리 도우이미야 일족이 장악, 나카소네 도우이미야〔仲宗根豊見親〕로 계승되어 간다. 메구로모리의 무용(武勇)과 공적을 예찬하는 아야고는 다음과 같이 노래하고 있다.

　　메구로모리 도우이미야가 섬 진압의 아야고

　　네빠리홈 네이마슈가　　　산기슭으로 넓게 퍼져 있는

　　나나헤마쿠 마스킨요　　　일곱 겹으로 에워싼 무리를

　　야헤가테키 나기빠라히　　여덟 겹의 적을 무찌르고

　　요나하바라 빠네카헤시　　요나하바라를 뛰어넘어

　　이우사요야 타메나호시　　전쟁터를 진압하고

　　오포미야코 스마사다메　　오포미야코를 정하니

　　소레카게사 메구로모리　　너무나도 아름다우신 메구로모리
　　　　　　　　　　　　　시여

　　쿠몬다케 아마리야후라　　구름 같이 하늘내려 내려와

　　아케토라가 데다다케나　　새벽에 떠오르는 태양처럼

　　노유리사카 토요무시우　　떠오르며 소리를 울리시는 주인이

시여

《미야코사전〔宮古史傳〕》

미야코의 역사상 14세기는 원시 사회가 붕괴하고 새로운 시대가 열리는 여명의 시대였다.

더구나 그 무렵(14세기 중엽부터 말경)은 서쪽 대륙에서 원·명나라의 흥망과 한반도에서 위세를 떨쳤던 고려의 사양(斜陽), 가마쿠라막부가 멸망하고 무로마치막부가 열리면서 정치적으로 요동쳤던 일본, 바다를 원했던 왜구의 동아시아 해역 침략, 그리고 관계가 깊은 오키나와의 산잔〔三山〕 정립에서 잇산〔一山〕 통일로의 격렬한 전란 등이 이어지던 무렵이다. 바다 저편의 동란과 더불어 남해의 외로운 섬 미야코지마 역시 패권다툼의 격렬한 역사의 진동이 있었다.

나카소네 도우이미야〔仲宗根豊見親〕와 새로운 시대

● 14세기말 미야코와 야에야마: 메구로모리 도우이미야의 현손(玄孫, 4대손. 손자의 손자)으로 나카소네 도우이미야가 태어났다. 미야코를 평정한 도우이미야 일족의 세력은 인근 섬 야에야마까지 뻗어 있었다. 야에야마의 《게라이케다구스쿠유라이키〔慶來慶田城由來記〕》의 내용을 보면, 당시의 미야코와 야에야마의 정치역학 관계의 역사적 사실이 반영되어 있다. 미루어보건대, 미야코인들이 야에야마에서 구한 것은 풍요로운 목재자원인 듯하다.

《게라이케다구스
쿠유라이키〔慶來慶
田城由來記〕》에는
해마다 나무와 대나
무 등 집을 지을 재
목이나 기타 목재를
그곳에서 구했다는
기록이 있다.

나카소네 도우이미야 선친의 묘

　15세기말 표류해 온 조선의 제주도인들의 견문기에도 목재
는 야에야마 섬에서 구했다고 기록되어 있다. 야에야마는 미야
코의 중요한 목재자원의 공급지이며, 그곳을 세력하에 두는 것
은 필수였을 것이다.

● **15세기의 나카소네 도우이미야**: 14세기부터 15세기라는
시기에 미야코는 야에야마보다 경제적 · 문화적으로 한두 걸음
앞섰던 지역이며, 야에야마 세력으로는 미야코와의 관계를 어
떻게 체결하느냐가 자기 세력의 소장(消長)과 밀접한 과제가 되
었다고 생각한다. 특히 15세기 들어 야에야마 내부에서 일어난
역사의 움직임, 영웅 호족들의 쟁란(諍亂)을 나카소네 도우이
미야는 간과하지 않았다. 또 나가소네 도우이미야의 시계(視界)
에는 좀더 앞선 문화와 풍요로운 경제력을 지닌 류큐 왕국도
들어 있었다. 바야흐로 쇼우신왕(尙眞王)에 의한 중앙집권과 국
토 통일이 한창이던 때이다. 영민하고 총명한 그는 1500년 슈
리〔首里〕의 왕부군(王府軍)과 연합함으로써 미야코와 야에야

마를 제패한다는 목적을 달성했다. 그후 약 1세기에 걸쳐 나카소네 도우이미야 일족은 슈리 왕부에서 야에야마 통치를 행하게 된다.

또한 도우이미야는 1522년 보검 지가네마루[治金丸]와 보옥 야광주를 류큐 왕국에 헌상하고, 이어서 임금의 덕행에 감화하지 않는 요나구니[與那國]의 존장(尊長) 오니토라[鬼虎]를 토벌하여 오직 슈리의 국왕에 대한 충성심을 드러냈다. 미야코지마의 서부, 요나하만[与那覇灣]에 있는 이케다바시[池田橋]는 16세기초에 축조된 것으로, 나카소네 도우이미야에 의해 만들어졌다고 한다. 중국의 기술에 의한 일본에서 가장 오래된 아치 돌다리[石橋]이다. 또 도우이미야 자신의 장대한 분묘에도 보이듯이, 규모가 큰 토목 사업도 행했으며 정권을 확립한 모습을 보여주고 있다.

미야코지마의 역사를 이처럼 전망해 볼 때, 나카소네 도우이미야가 출현했을 무렵이 미야코지마에서 영웅시대의 종언이라 할 수 있다.

왕부의 미야코 지배와 인두세(人頭稅)

슈리 왕부의 지배하에 들어간 미야코는 1609년 시마츠[島津] 침입으로 초래된 가혹한 제도로 고민하게 된다. 왕부는 1629년 재번제(在番制)를 두어 통치기구를 정비해가는 한편, 1637년에는 인두세에 의한 세수 증가를 노렸다.

● **가혹한 인두세:** 인두세는 정두(正頭) 1인당 세금을 할당하는 세제로, 미야코・야에야마에서는 정두를 연령별로 등급을 매겨 부과했다.

부과 방법은 먼저 마을 단위를 상・중・下 3등급으로 구분하고, 사람의 단위를 상・중・하・하하의 4등급으로 구분, 마을과 사람의 등급에 맞춰 그 사람의 과세고가 결정되었다. 또 1659년부터 사키시마〔先島〕의 공조(貢租)를 상포(上布)로 대납하게 했다.

가혹한 인두세는 많은 전설과 노래에 빗대어 전해졌는데, 갓 난아기의 압살(壓殺), 낙태의 악습을 낳았고, 나고〔名子〕로 칭해지는 노예 농민으로 전락하는 자를 낳았다. 일설에서는 약 3천 명의 노예 농민이 존재했다고 한다.

또한 이 가혹한 세제는 노동력 강화를 위한 섬 주민의 강제이주, 섬 사람들이 '스마바키(섬 분리)'라 부른 악제(惡制)를 낳게 된다. 그 비참함과 참혹함을 호소하지 못한 사람들은 격렬한 원망의 마음을 담은 언어를 뒤로 감추고 애달픈 선율에 실은 아야고로 노래하고 있다.

섬 분리 아야고

오보이케만나 스마바케쇼우노도	오보이케마 섬에서 섬을 분리
아스텐테 아시우리바	한다 말 들었는데
히토가우에테도	아마 남의 일이겠거니
유소가우에테도	타인의 일이겠거니 생각했

	는데
반카우에노도	바로 내게 닥쳐왔네
바감마노시루토키야	만약 내 어머니 돌아가실 즈음에
아구탄소 웅잔카이가	친구들은 어디에 있을까
오후라데가	보내줄까
후네가마카라노 미소가마카라노	작은 배로 돛단배로
오후라데노	보내줄까

(도쿄 藝大 고이즈미 그룹 채집)

　미야코 인두세의 한 가지 특색은 상포대납(上布代納)에 있다. 소위 미야코 상포에 의한 공납을 강제화했다. 여기서 여성의 노동이 한 단계 더 무거워져 비극의 폭이 늘어났지만, 근대 들어 미야코 경제를 지탱한 것은 바로 이 미야코 상포였으니 역사의 아이러니가 아니겠는가.

인두세석(人頭稅石)

　● **자아에 눈뜬 미야코**: 이 악제로 사람들은 신음했지만, 동시에 사람들은 마음 깊숙이 사회 구조의 모순을 자각하는 자아를 키워갔다. 사람들의 노여움은 왕국 말기에 확실한 형태를 취하게 된다. 관리자들의 부정에 노여움을 폭발시킨 다라마 소동〔多良間 騷動, 割重穀 사건도 동질〕이 그것이

다. 이 노여움은 불길일 듯 이어져 악제 자체의 철폐 운동으로 발전했고 인두세 폐지 운동으로 이어졌다. 지배층·관리자의 악질적인 방해, 억압을 물리치면서 결국 국회에 청원을 실현했고, 1870년 폐지하기에 이르렀다. 그동안의 일을 노래한 것이 '인두세 폐지 아야고'이다. 다음에서 살펴보자.

인두세 폐지 운동의 쿠이챠아그(クイチャーアーグ)

一　우뿌도우카마가　　　　　　　　우뿌도우카마(인명)가
　　우키나누우리 응먀마바요　　　　오키나와에 올라 참배했더니

　　요이마누　　　　　　　　　　　요이마누
　　응먀마바요　　　　　　　　　　참배하네

二　먀콘나누　　　　　　　　　　　미야코 안의
　　미스바라누 비기랴타야요　　　　미스바라(마을) 남자들은
　　요이마누　　　　　　　　　　　요이마누
　　비기랴타야요　　　　　　　　　남자들이여

三　뻬라투란　　　　　　　　　　　뼈인두를 잡지 말아라
　　가니야우산 우야기바시요　　　　쇠붙이는 누르지 마라
　　　　　　　　　　　　　　　　　부유한 생활에

　　요이마누　　　　　　　　　　　요이마누
　　우야기바시오　　　　　　　　　부유한 생활에

四　우가무구스　　　　　　　　　　大神島 뒤쪽의
　　후지나라비 시스나무가마누요　　筆岩으로 다가온 흰 파도가

	요이마누	요이마누
	시스나무가마누요	흰 파도가 다가와
五	사리가나리이데	무명을 만들어
	우사기누누나리 구바요	공포(貢布)로 만들었다네
	요이마누	요이마누
	누누나리구바요	천이 되어 왔다네
六	미야콘나누	미야코 안의
	미스바라누 부나랴타야요	서른 개 마을 여인네들은
	요이마누	요이마누
	부나랴타야요	여인들이여
七	부얀만	저마(苧麻)는 짜지 않고
	가시야카킨 우야키바시오	줄 굄목을 괴지 않는 풍요로운 삶으로
	요이마누	요이마누
	우야키바시오	풍요로운 삶으로
八	누자키마이	노자키 마을 앞
	후타츠마이 마이빠나리누요	두 개 앞 앞으로 떨어져 있는 섬이
	요이마누	요이마누
	마이빠나리누요	앞으로 떨어진 섬이
九	우신나나리	소가 되어
	츠누바우이 누우리쿠바요	뿔이 솟아올라 위로 나오면

	요이마누	요이마누
	츠누우이쿠바요	뿔이 솟아올라 나왔다네
十	미야콘나	미야코 안의
	미스바라누 비기랴타야요	서른 개 마을 남자들이여
	요이마누	요이마누
	비기랴타야요	남자들이여
十一	우시야카안	소는 사지 않고
	츠누야카안 우야기바시요	뿔(소)은 사지 않고 부유한 삶으로
	요이마누	요이마누
	우야키바시오	부유한 삶으로
十二	빠루미지누	하리미즈(항구)의
	후나츠키누 시슨나구누요	선착장 흰 모래여
	요이마누	요이마누
	시슨나구누요	흰 모래여
十三	안나나리	좁쌀이 되고
	마인나나리 누우리쿠바요	쌀이 되어 위로 나오면
	요이마누	요이마누
	마이나리쿠바요	쌀이 되어 나오면
十四	미야콘나누	미야코 안의
	미스바라누 비기랴타야요	서른 개 마을 남자들이여
	요이마누	요이마누
	비기랴타야요	남자들이여
十五	삐라투란	뼈인두를 잡지 말아라

가니야우산 우야기바시오　　쇠붙이는 누르지 마라
　　　　　　　　　　　　　　　부유한 생활에

요이마누　　　　　　　　　　　요이마누

우야기바시오　　　　　　　　　부유한 생활에

十六 나카무라슈야　　　　　　나카무라슈님은

나시우야다키 우가마리사마치요　낳아주신 아버지만큼 고
　　　　　　　　　　　　　　　마워 고개 숙여 절하고

요이마누　　　　　　　　　　　요이마누

우가마리사마치요　　　　　　　고개 숙여 절하고

十七 구스쿠마슈야　　　　　　구스쿠마슈님은

나시우야다키 우가마리사마치요　낳아주신 어머니만큼 고
　　　　　　　　　　　　　　　마워 고개 숙여 절하고

요이마누　　　　　　　　　　　요이마누

우가마리사마치요　　　　　　　고개 숙여 절하고

十八 소다이슈타야　　　　　　소다이슈님들은

햐인마다키 다라사이카요　　　달리는 말 같아라

요이마누　　　　　　　　　　　요이마누

햐인마다키요　　　　　　　　　달리는 말 같아라

칸치 우이갸누　　　　　　　　이렇게 하는 동안

미야쿠 니노요이삿사이　　　　미야코 니노요이삿사이

야에야마〔八重山〕의 역사와 영웅들

야에야마의 창세(創世)와 선사시대

● **창세(創世) 설화**: 하테루마지마〔波照間島〕에 다음과 같은 설화가 전해오고 있다.

옛날 하테루마는 자연의 혜택을 입은 평화로운 섬이었다. 그러나 어느때 기름비(아바아미, 油雨)가 하늘에서 내려와 사람들은 모두 죽고 섬에는 살아 있는 생물이 존재하지 않게 되었다. 그런데 오누이가 섬의 미스쿠〔美底〕 동굴에 틀어박혀 있다가 기름비 피해를 피할 수 있었다. 두 사람은 결혼하여 자식을 낳았는데, 첫째아이는 보스라는 독을 지닌 물고기를 닮은 아이였고, 둘째아이는 지네 같은 아이였다. 부부는 아이를 낳을 때마다 주소를 바꾸었고, 후카〔富嘉〕 부락의 호타무리가〔保多盛家〕가 있는 곳으로 옮겨왔다. 그런데 이번에는 진짜 인간다운 아이가 태어났으므로 이곳에 거처를 마련하고 생활하게 되었다. 이리하여 하테루마지마는 다시 새로이 흥하게 된다.

이 설화는 이른바 오누이 시조형의 홍수설화로 섬의 창세를 오누이의 상간(相姦)으로 이야기하고 있다.

이런 형식의 설화는 앞에서 서술한 것처럼 동아시아 · 동남아시아 · 폴리네시아에 걸쳐 널리 분포되어 있는데, 일본의 이자나기 · 이자나미 신화도 같은 형태라 할 수 있다. 게다가 아마미〔奄美〕의 기카이지마〔喜界島〕부터 야에야마의 요나구니에 이르는 남도문화권의 섬들에 널리 분포되어 있다. 야에야마에서는 이시가키지마〔石垣島〕를 비롯하여 요나구니지마, 하테루마지마 등에 공통되는 창세 설화이다.

● **마을의 시작**: 그런데 섬 각처에서 시작된 사람들의 생활은 어떤 것이었을까. 이시가키지마〔石垣島〕 이시가키무라〔石垣村〕의 창시와 그 신앙 생활의 중심이 된 미야도우리이온〔宮鳥御嶽〕의 시초에 대해 《八重山

미야도우리이온〔宮鳥御嶽〕

嶋諸事由來記》는 대략 다음과 같이 전하고 있다.

옛 시대에는 사람의 주거가 정해진 것이 없고, 마을도 없어 사람들은 서로 무력을 자랑하며 약탈과 살육으로 세월을 보내는 윤리 도덕이 없는 사회였다. 그런 가운데 이시스쿠야마〔石城山〕에 거주하는 세 명(누이 마타네마시스, 장남 나아타하츠, 차남 히라카와가와라) 형제만은 신을 공경하고 사람을 사랑하는 자였으므로 신의 배려로 미야도우리 부근의 이시가키〔石垣〕로 내려와 결국, 이시가키, 도노구스쿠〔登野城〕 두 마을을 열게 되었다.

위의 설화에 나오는 이시스쿠야마〔石城山〕은 이시가키시카무라〔石垣四箇村〕의 후방 반나 산기슭에 있는 바위산으로, 이시스쿠야마 유적이 있다. 이 유적은 ‘13세기 후반부터 14세기 말에 걸친 아부 시대의 유적’이다.

　이 설화에서 눈에 띄는 점은 구릉지대의 혈거 생활에서 평야부로 이동, 그리고 마을 형성을 이야기하고 있다. 고지에서 저지로 이동, 그리고 마을이 만들어지는 현상은 오키나와 전역에 보이는 것이다. 이시가키지마〔石垣島〕에서 언제쯤 생겼는지 흥미로운 문제이지만 지금은 알 수 없다. 다만 설화 속에 ‘나아타하츠’가 뒤에서 다루게 될 나타후즈〔長田大主〕와 동일 인물이라면, 15세기 중기부터 후기라는 시기를 상정할 수 있을지도 모른다.

● **선사시대**: 여기서 야에야마의 선사·고대유적에 대해 개관하고자 한다. 야에야마 제도에서는 현재 약 2백 선사·고대 유적이 확인되고 있다. 이들 유적에서 선사·고대를 엿보고 편

시기	세기	문화	패총·유적
제1기	5-11세기	무(無) 토기문화	나카마제1패총〔仲間第1塚〕(西表島) 후나우라유적〔船浦遺蹟〕(西表島) 투마루 패총〔小浜島〕 투구르하마 유적〔与那國島〕 노스쿠 유적〔野底遺蹟〕(石垣島)
제2기	11-13세기경	토기를 수반하는 문화	나카마제2패총〔仲間第2貝塚〕(西表島) 시모탄바라 패총〔下田原貝塚〕(波照間島)
제3기	13-15세기말	야에야마식 토기문화	야마바레 유적〔山原遺蹟〕(石垣島) 후르스트바레 유적〔石垣島〕 비로스쿠 유적〔石垣島〕 이시스쿠야마 유적〔石垣島〕

선사시대 구분

년으로 보면 다음 장의 표와 같이 대략 3기로 나눌 수 있다.

제1기는 소위 무토기문화(無土器文化)시대인데, 이 시대 패총은 남서제도의 다른 문화권에서는 유례가 없다. 출토한 돌인두와 돌끌 등은 오히려 남방적이며, 동남아시아의 석기문화 계통에 들어가는 것이 아닌가 생각된다.

제2기는 토기가 나타나는 시기이며, 야에야마식 토기, 소위 가이지토기(外耳土器)의 조형(祖型)이 등장한다.

제3기는 먼저 야에야마식 토기가 성행하고 나중에 파나리 도기로 발전해가는 시기이다. 또 이 시기는 해외와 교역으로 외래문화가 유입하고 도기, 스에기(須惠器), 송전(宋錢), 철기 등

야에야마[八重山]의 주요 선사유적

도 사용되는 등 원시에서 고대로 바뀌어가는 양상을 보이는 시기이기도 하다. 야에야마식 토기의 성행과 파나리 도기의 출현을 경계로 둘로 나누는 사고방식도 있다. 하지만 두 토기를 야에야마 고유토기의 발전으로 받아들이면서 그 무렵이 외래문화와 접촉이 두드러졌던 상황이므로, 그 점까지 포함하여 하나로 정리하고자 한다.

야에야마는 이와 같은 선사시대를 거쳐 16세기에는 류큐 왕국의 지배하에 들어가 고대 사회를 맞이하게 된다.

15세기말 야에야마

1477년 2월에 요나구니지마에 표류한 세 명의 조선 제주도 사람이 있었다. 그들은 2년 5개월이 지나 모국으로 돌아갔는데, 그동안에 견문한 요나구니(与那國), 이리오모테(西表), 하테루마(波照間), 아라구스쿠(新城), 쿠로시마(黑島), 다라마(多良間), 이라부(伊良部), 미야코, 오키나와 섬들의 생활·풍속이 《조선왕조실록》에 기록되어 있다. 그 기록에서 15세기말 야에야마의 생활을 엿볼 수 있다.

● **의생활**: 남녀 모두 맨발로 신발을 신지 않았다. 관대(冠帶)는 없고 종려나무 잎으로 삿갓모양을 만들어 이용했다. 마·목면·비단은 없고 모시를 짜서 베를 만든다. 천을 짜는 데 바디와 홈을 사용한다. 귓불에 구멍을 뚫어 푸르고 작은 구슬로 꿰어 2,3촌쯤 드리우고, 또 구슬을 꿰어 목에 3,4겹을 둘러서 1자

〔尺〕쯤 드리웠다. 남녀가 같이 모양이었는데 늙은 자는 하지 않았다〔与那國〕.

부인은 코를 양쪽으로 뚫어 조그마한 검은 나무를 꿰었는데, 모양이 검은 사마귀와 같았다. 정강이에는 조그마한 푸른 구슬을 둘러매었는데, 그 넓이가 수촌〔數寸〕쯤 되었다〔西表〕.

남녀가 귀를 뚫어 조그마한 푸른 구슬을 꿰었고 또한 구슬을 꿰어서 목에 걸었다〔波照間〕.

남녀 모두 푸른 구슬로써 팔 및 정강이를 둘러 감아 매었다〔新城〕.

● **식생활**: 가마·솥·숟가락·젓가락·소반·밥그릇·자기(磁器)·와기(瓦器)는 없다. 토기(파나리 도기)는 있다. 음식물로는 오직 쌀을 이용하며 비록 조(粟)가 있더라도 심기를 즐겨하지 아니한다. 밥은 대나무 상자에 담아서 손으로 뭉쳐 덩어리를 만들되 주먹 크기와 같이 하고, 밥상은 없고 작은 나무 궤를 사용하여 각각 사람 앞에 놓는다. 소금, 간장은 없고, 바닷물에 채소를 넣어서 국을 만든다. 술은 탁주(濁酒)는 있으나 청주(淸酒)는 없다. 나물 한 가지로 안주를 하는데, 혹 마른 물고기를 쓰기도 하고, 혹은 신선한 물고기를 잘게 끊어서 회(膾)를 만들고 마늘과 나물을 더하기도 한다. 쌀을 불려 보구(步臼)에 찧어 떡을 만들되 종려나무 잎으로 싸고 짚으로 묶어서 삶아 먹는다. 소와 닭의 고기는 먹지 않는다. 채소로는 마늘·가지·참외·토란·생강이 있다〔与那國〕.

벼와 조를 먹는데, 조는 벼의 3분의 1쯤 된다. 멧돼지와 마는 먹는다〔西表〕.

소고기는 먹지만 닭고기는 먹지 않는다〔西表・波照間・新城・黑島〕.

기장・조・밀・보리는 있지만, 논과 벼는 없어서 소내도에서 교역으로 입수한다〔波照間・新城・黑島〕.

채소는 가지・토란・마늘・박〔新城〕・마늘・토란〔黑島〕이 있다.

● **주거 생활**: 거처는 모두 1실(室)을 만들고, 내실(內室)이 따로 없고 창이 없다. 전면(前面)은 처마가 조금 높이 들려 있고, 후면(後面)은 처마가 땅에 드리워져 있다. 잠자리는 목상(木床)을 사용하며, 이불과 요가 없고 포석(蒲席)을 깔아 사용한다. 사는 집 앞에 따로 누고(樓庫)를 만들어 거둔 바의 벼를 쌓아 두었다. 등촉(燈燭)이 없고, 밤이면 대〔竹〕를 묶어 횃불을 만들어 비추었다. 땅을 파서 작은 우물을 만들고 물을 길을 때는 바가지와 병을 썼다〔与那國〕.

● **풍속**: 추장(酋長)이 없다. 도적이 없다. 길에 떨어진 것을 줍지 않고, 서로 꾸짖거나 큰 소리로 싸우지 아니하며, 어린아이를 어루만져 사랑하여 비록 울더라도 손을 대지 않는다. 문자(文字)를 알지 못한다. 배는 키와 돛대만 있고 노(櫓)는 없는데 순풍(順風)에만 돛을 달 뿐이다. 대장간〔鐵冶〕은 있지만 쟁기를 만들지 않는다〔与那國〕.

15세기말 야에야마의 의・식・주에 관한 기록은 대충 이러하다. 대략 야에야마의 옛 풍속을 반영한 것으로 보아도 좋을 것이다. 그러나 현재 야에야마 풍속과 비교하면 꽤 기이하게 비치는 것도 있다. 특히 눈길을 끄는 점은 장신구의 모습이다. 푸른 구슬을 드리우고, 목걸이를 차고 정강이에 구슬을 차 장식을 하고 이리오모테(西表)에서는 코 장식까지 하고 있다. 이러한 장식은 대만의 고지민족(高地民族) 사이에서 볼 수 있는 풍속인데, 과연 당시의 야에야마에도 있었던 풍속이었을까. 그렇지만 구슬을 꿰어차는 풍속은 후대까지 있었고, 근세에는 색구슬 구입을 위해 쌀이 낭비되었으므로 그것을 금지하는 금령이 나올 정도였다. 구니부 구슬(九年母玉)을 꿰어차는 것은 노래에도 많이 나오며, 오키나와에도 공통되는 풍속이다. '대장간이 있었지만 대형 쟁기를 만들지 않고, 작은 삽을 사용하여 밭을 파헤치고 풀을 제거하여 조(粟)를 심는다' 는 기술에서는, 당시 야에야마의 생산성이 낮은 농경 생활을 엿볼 수 있다.

요나구니, 이리오모테의 농업은 주로 벼농사이며, 하테루마, 아라구스쿠, 쿠로시마에서는 보리·조·밀 주체의 농업이 후대에 이를 때까지 변화하지 않는 농업 형태라는 점에서 흥미를 끈다.

15세기말 표류자들이 견문한 야에야마는 같은 기록에 있는 미야코, 오키나와와 비교하면 상당히 후진적인 사회 상황이었던 것같다.

야에야마〔八重山〕의 영웅들

위에서 본 조선 제주도의 표류자들은 야에야마의 주도(主島) 이시가키지마〔石垣島〕에 들르지 않았다. 이 점에 대해 이하 후유우〔伊波普猷〕는 '조선인이 표류했을 무렵 이시가키지마는 각 섬의 불량배가 모여 있는 시끌벅적한 신개척지로, 아직 야에야마 제도의 정치적 중심은 아니었던 것같다'고 서술했다. 이하(伊波)가 '시끌벅적한 신개척지'라 했던 이시가키지마에는 오야케아카하치, 나카마미츠케마에이쿄쿠〔仲間滿慶山英極〕, 나타후즈〔長田大主〕, 히라쿠보카나아지〔平久保加那按司〕 등의 영웅호족이 할거하고 있었다. 한편 이리오모테지마 소나이〔祖納〕에는 게라이케다구스쿠요우쵸〔慶來慶田城用緒〕가, 요니쿠니지마에는 사카이이소바가, 하테루마지마에는 미우스쿠시시카도운〔明宇底獅子嘉殿〕이 있었다. 이들 영웅호걸들이 서로 다툼으로써 야에야마는 원시부터 고대로 격렬하게 뒤흔리며 역사가 움직여갔다.

● **히라쿠보카나아지〔平久保加那按司〕와 게라이케다구스쿠요우쵸〔慶來慶田城用緒〕:** 히라쿠보카나아지는 이시가키지마의 북단 히라쿠보무라〔平久保村〕에서 할거했던 호족이었다. 《게라이케다구스쿠유라이키〔慶來慶田城由來記〕》에 따르면, 그는 상당한 호족으로 히라쿠보 부근의 작은 마을 사람들을 거느리는 사용인으로 벼·조를 심어 4,5백 석을 저장하고, 소와

말은 3,4백 마리를 사육하며 권세를 누렸다고 한다. 그 히라쿠보카나아지에 대해 게라이케다구스쿠요우쵸가 토벌에 나선다. 케다구스쿠〔慶田城〕는 방만무례한 히라쿠보가 회견에 응하지 않으므로 책략을 서서 히라쿠보의 '하녀'를 자기편으로 끌어들여 그녀의 인도로 토벌에 성공한다. 《게라이케다구스쿠유라이키〔慶來慶田城由來記〕》는 토벌의 대상, 역도(逆徒)로서의 히라쿠보카나아지밖에 묘사되어 있지 않지만, 그는 아지로 불린 외래의 유력자이며, 히라쿠보 주변의 농민을 소중히 여기면서 상당한 경제력을 지녔던 호족이었던 것같다.

● **케다구스쿠〔慶田城〕와 나타후즈〔長田大主〕**: 그런데 히라쿠보아지를 토벌한 케다구스쿠는 내친김에 이시가키무라의 권력자 나타후즈를 방문한다. 그곳에서 두 영웅의 형제 계약이 체결되는데, 이 동맹은 그후 야에야마 역사를 개척하기 위한 중요한 계기를 만들어 준다.

15세기부터 16세기에 이르는 동안 미야코, 야에야마의 관계는 발전한 미야코, 뒤처진 야에야마라는 구도하에 미야코 호족의 야에야마 진출이 행해졌다. 이 미야코 세력과의 연합은 당연히 야에야마 내의 패권과 관계가 있다. 나타후즈가 '미야코지마 츄우도씨〔忠導氏〕의 후예'라는 것도 그 점과 무관하지 않을 것이다. 어찌 되었건 미야코와의 친교, 교역권을 수중에 넣은 것은 야에야마의 정치지배를 위해 꼭 필요했던 부분일 것이다. 케다구스쿠의 히라쿠보 토벌, 나타후즈와의 동맹도 이 문맥 속에서 생각한다면 우선은 교역권, 교역로의 확립을 위한 것이라 할 수 있다.

● **해상 무역과 정치적 패권**: 앞서 서술한 것처럼 15,6세기 류큐 왕국은 해상 무역권을 확립하여 왕국의 경영에 힘썼던 시기이다. 마찬가지로 동아시아, 동남아시아사도 교역을 축으로 역사가 움직이는 시대의 커다란 조류이기도 했다. 그러한 조류 속에서 류큐 왕국 혹은 미야코, 야에야마의 섬들이 역사의 촉발을 받으면서 소국가로 탄생해가는 모습이 여기에 집약되어 있는 것으로 생각된다.

　요컨대 남해의 섬에 역사에 눈뜬 유력자가 권력 장악을 위한 수단으로 해상 무역에 경제와 패권을 길을 추구했다. 그것이 대지의 은혜를 입지 못한 도서군 소국가가 역사에서 살아남는 자립의 길이었다 할 수 있다. 야에야마가 미야코와 결합하고, 미야코가 오키나와와 결합해가는 권력자의 정치에서 역사 발전의 한 단계를 볼 수 있다.

● **아카하지의 난**: 오키나와 역사상 오야케아카하지의 난으로 불리는 사건이 일어난 것은 1500년의 일이다. 오키나와사로는 쇼우신왕〔尚眞王〕의 중앙집권, 국토 통일의 시기이며, 두 섬의 관계에서 나카소네도우이미야아겐가〔仲宗根豊見親玄雅〕를 중심으로 하는 미야코 세력의 야에야마 진출이라는 상황이 있었다. 일반적으로 난은 오야케아카하지를 주모자로 하는 농민세력이 슈리 왕부에 모반하여 쇼우신왕의 정벌군에 의해 진압당한 사건이다.

아카하치 봉기의 사유는 다양하게 추측된다. 이리키야아마리 축제를 엄금한 슈리의 종교 정책에 대한 저항설, 또는 무거운 과세에 대한 반항설 등이 있다. 그러나 15세기말은 위에서 본 것처럼 야에야마가 내율적으로 통일된 단계이며, 그 유력한 토호의 한 사람이 오야케아카하치였다.

이 난은 미야코의 나카소네도우이미야의 세력을 배경으로, 야에야마 내에서 패권을 확립하려 한 나타후즈·게라이케다구스쿠요우쵸〔慶來慶田城用絲〕동맹군과 오오야케아카하치의 대립을 직접 원인으로 하는 것이다. 그곳에 야에야마 지배를 기도하는 미야코·슈리 왕부 연합군이 공격을 가해온 군사적 사건이라 볼 수 있을 것이다. 사실 난이 일어난 후 나카소네도우이미야 일족에 의한 야에야마 지배가 출현하게 된다.

슈리왕부의 야에야마 통치와 인두세

● **야에야마 통치의 기구**: 슈리 왕부〔首里王府〕의 정치하에 들어간 야에야마는 통치기구가 착착 정비되고 있었다. 정청(政廳)으로 구라모토〔藏元〕가 설치되고, 다케토미시마〔竹富島〕출신의 니시토우〔西塘〕이 대슈리(大首里) 오오야코〔大屋子〕로 임명되었다. 1600년대 들면 마기리제〔間切制〕가 정비된다. 마기리의 장(長)으로 세 명의 우두머리가 임명되고, 왕부 파견 재번(再番)과의 합의로 통치를 진행하게 되었다. 재번(在番)·우두러미 밑에 구라히츠샤〔藏筆者〕, 하급공무원으로 오오메자시〔大目差〕·와키메자시〔脇目差〕·대필자〔大筆者〕·협필자〔脇筆

者〕·총횡목〔總横目〕·슈리우후야쿠〔首里大屋子〕·与人이, 또한 각 촌의 번소에는 메자시〔目差〕·경작필자(耕作筆者)·소마야마 필자〔杣山筆者〕가 근무하며 일상적으로 농민을 지배하게 된다.

● **인두세의 비극**: 1609년 시마츠〔島津〕 침입 이후 왕부의 야에야마 지배는 더욱 강력해지고, 미야코와 더불어 인두세제로 괴로움을 겪게 되었다.

미야코, 야에야마의 인두세 특색은 미납(米納)과 상포대납(上布代納)에서 구할 수 있을 것이다. 미납(米納)을 강요받은 나머지 벼농사가 적합한 지역을 찾아 말라리아가 창궐하는 땅까지 나가 농사를 짓게 된다. 또 인구가 많은 섬에서 미개척 섬으로 강제 이주당하여 새로운 마을을 건설하는 정책도 취했는데, 이들 새로운 마을은 말라리아로 인해 대부분이 폐촌이 되었다. 상포(上布) 공납을 해야 하는 여성들은 하루 24시간 베틀에 얽매여 있어야 했다.

그러한 비극을 노래에 담은 것이 유명한 '친다라부시〔ちぃんだら節〕'이다.

친다라부시

一 투바라마투 반투야   당신과 나는
    카누샤마투 쿠리투야   사랑하는 이와 나는

二 시미샤카라 아사비토우라 젖먹던 시절부터 놀이동무
    쿠유사카라 무치리도우라 어린 시절부터 친한 친구

三	시마투투미데 오모우다라	섬에 있는 한 하나라 생각 했는데
	구니투투미데 오모우다라	고향 있을 적엔 하나라 생각 했는데
四	후스마니 우리켄야	후스마에 있을 때는
	사후지마에 우리켄야	사후지마에 있을 때는
五	시마비이데지 야리우리	섬(마을)은 하나였는데
	사토우비이테이지 야리우리	동리는 하나였는데
六	부나비신 바후타리이	모시짜는 밤에도 나와 둘이 서
	유이후린 바후타리이	유이할 때도 나와 둘이서
七	야마유킨 바후타리이	산에 갈 때도 나와 둘이서
	이스시타린 바후타리이	해변에 내려갈 때도 나와 둘 이서
八	바가리부샤 바나네누	이별하고픈 맘 나는 없는데
	누키부샤 쿠리네누	떨어지고 싶은 맘 나는 없 는데
九	우라투투미데 오모우다라	당신과 하나라 생각했는데
	바누투투미데 오모우다라	나와 하나라 생각했는데
十	우키이나카라 우사시즈누	오키나와에서의 지시가
	미우마이카라 미운구이누	임금님의 목소리가
十一	시이마바기데 오하라레	섬을 갈라 놓으라 하시네
	훈와카리데 아하라레	고향을 갈라 놓으라 하시네
十二	투바라마야 이키구리샤	당신은 나와 함께 가지 않고

	후스마니 누쿠사레	후스마에 남겨지고
十三	카누샤마야 우루구리샤	나는 저 분과 함께 있지 못
		하니
	누유스쿠니 바기라레	마을 밑바닥으로 헤어져
十四	나쿠나쿠투 바기라레	울며 울며 헤어져
	유무유무투 바기라레	지금도 헤어져
十五	우가무부샤 아리반	보고 싶어도
	반미부샤 아리반	나는 보고 싶어도
十六	반이야리 스루바게	보고 싶단 말 전할 수 없어라
	오하이야리 스루바게	당신에게 전할 수 없어라
十七	데인카라누 피키미요우루	하늘의 별을 예로 들자면
	우야키부시이데 이소카야	우야키별(견우 · 직녀성)은
十八	나라부레바 사다메요우리	갈 수 있는 날 정해 놓고
	이카윤데두 시카리루	만난다는 말을 들었다네
十九	투바라마투 반투야	당신과 나는
	후레하다미 이카이미유나	여전히 만날 수가 없어라

(嘉舍場永珣,《八重山民謠誌》에서)

　인두세가 불러온 비극에 대해서는 여러 가지 전설과 노래가 말해 주는데, 특히 요나구니지마의 쿠부라바리〔与那國島〕 전설과 토운구다〔人桀田〕 전설은 비참하다. 전자는 섬의 인구 조절을 위해 섬 안의 임산부를 모아 구부라무라〔久部良村〕의 들에 있는 바위의 갈라진 틈으로 뛰어내리게 했다고 한다. 후자는 15세에서 50세까지의 남자를 비상 소집하여 늦게 온 자는 참살했

요나구니지마의 구부라바리

다고 한다. 노인과 약소자가 그 대상이 되었다.

이러한 인원 감원 전설을 낳은 가혹한 인두세는 오키나와가 '류큐 처분'을 거쳐 오키나와겐이 된. 후에도 계속되었고, 1903년 토지 정리 사업 완료를 끝으로 폐지되었다.

그동안 1771년에는 야에야마 전역을 휩쓴 거대한 츠나미가 발생하여, 당시 인구의 약 절반에 이르는 9천3백13명이 조난을 당하는 참사를 겪었다. 왕부는 이 위기를 타개해야 했고, 재해지역에 강제 이주로 마을의 재흥을 꾀했는데, 효과를 보기 어려웠고, 인구 감소가 지속되어 야에야마 전체가 피폐한 상황 그대로 근대를 맞이하게 된다.

맺음말

오랫동안 나는 '오키나와 문화사'를 쓰고 싶다는 생각에 빠져 있었다. 오키나와 연구에 입문한 30년 전부터 기초 자료가 부족함을 느끼며 자료 정비를 하면서 세월을 보내 버린 느낌이지만, 다양한 자료 속에서 확실한 '오키나와적'인 것을 찾아냈을 때, 그들의 본질과 생성 발전해 온 과정을 정리해 보고 싶다는 바람으로 고통스러울 때가 종종 있었다.

NHK 시민대학 강좌에서 오키나와를 다루게 되었을 때, 내게 무거운 짐인 '오키나와의 역사와 문화'라는 주제를 감히 받아들인 것은 오랫동안 환상적인 바람으로 품어왔던 '오키나와 문화사'가 내 머리를 맴돌고 있었기 때문이었다. 이 책은 텍스트에 가필·수정한 것으로, 나의 '오키나와 문화사'의 소묘이다. 나의 연구 영역인 언어와 문학에서 동떨어진 부분에 대해서는, 감히 전문가의 연구에 기대었다. 그러나 고고학·역사학 등의 자료가 부족하여 오히려 전문 연구자의 사각지대가 되어 있는 부분이 있었던 것도 사실이며, 그러한 점에 대해 나의 전문 분야에 입각하여 몇 가지 가설을 제시해 볼 수 있었다고 생각한다. 전문가의 비판을 바라는 부분이기도 하다.

오키나와의 역사와 문화는 일본의 다른 도도부현[都道府縣]과 달리, 시대 구분조차도 중앙에서 행하고 있는 기준에 적용

할 수가 없었다. 문학 장르를 찾으려 해도 마찬가지였다. 이 책은 오키나와 연구의 입문서이므로 그와 같은 부분에 조금은 배려해 주기 바란다.

과거 일본 속에서 보편적이고 자명한 것이던 역사의 전개와 문학이 발전해가는 개념에서, 오키나와라는 지역은 다른 기준을 갖고 있다. 그 점을 배려하면 일본문화로서 오키나와를 연구하는 것은 기본적인 사상과 관련된 부분일지도 모른다. 일본 열도의 활 모양의 연결을 오키나와까지 포함하여 야포네시아라 부르고, 인도네시아·멜라네시아·미크로네시아·폴리네시아 등 태평양을 둘러싼 도서군과의 연쇄로서 일본문화의 심층을 생각하고자 하는 구상은 10여 년 전, 시마오 도시오[島尾敏雄]에 의해 제시되었다. 그의 구상은 우리들에게 일본 열도를 넓은 대양으로 개방시켜 주었다. 나는 도시오 씨를 남몰래 모방하며 오키나와 역사와 문화를 야포네시아, 즉 일본 열도의 문화 뿌리로 다루고자 힘썼다.

마지막으로 덧붙인다면, 나는 야요이시대 이후 오키나와 문화의 고층(古層)을 큐슈에서 아마미[奄美] 섬으로 남하한 아마메[海人部]들에 의한 어로(漁撈)와 벼농사문화라는 확신을 최근 더욱 굳히고 있다. 이 점에 대해서는 따로 쓰고 싶다.

1986년 3월
호카마 슈젠[外間守善]

오키나와 역사 연표

서기	국왕	사항	아시아와 일본
		구석기시대〔山下洞人・港川人〕	
		오키나와의 패총시대	
500		이 무렵 벼농사 전래하여 농업 생활 시작	589 수나라, 중국 통일
613		이 무렵 남도에서 일본본토로 왕래하다〔掖玖人〕	618 수나라 멸망, 당나라가 흥함
			636 《수서》에 〈流求國〉의 기사가 기록됨
			712 《古事記》편찬됨
			727 당나라 開元通寶가
753		鑑眞의 배가 阿兒奈波(오키나와)에 표류	759 오키나와에 전해짐
			이 무렵 《萬葉集》편찬
			936 고려, 한반도를 통일
1187	舜天 1	이해 舜天王 즉위로 전해진다	1162 캄보디아의 앙코르와트 완성
			1192 源賴朝 정이대장군이 되다
			1221 몽고, 인도에 침입
1260	英祖 1	英祖 즉위. 이 무렵 禪鑑 극락사 창건	1274 文永의 난
1267	8	大島 기타 조공, 泊御殿을 세웠다고 전해진다	1281 弘安의 난, 원나라 병사, 큐슈 침입
			1292 원나라, 자바 정복
1296	37	오키나와 본도에 원나라군 침공	1293 자바에 마자파이트 왕조 성립
1314	玉城 1	三山 대립으로 전해짐	1333 가마쿠라막부 멸망
			1338 足利尊 씨, 무로마치 막부를 열다

1349	西威 13	西威 사망, 察都 즉위로 전해진다	1350	샴의 아유타야 왕조가 성립
1372	察都 23	察都 최초 입공. 尙巴志 탄생	1368	원나라 멸망하고 명나라가 흥하다
1380	31	南山王 怕尻芝, 명에 조공. 명태조, 三山에 停戰의 詔를 주다		
1390	41	八重山 中山에 조공했다고 전해진다	1390	察都, 조선, 샴과 통교
1392	43	처음으로 유학생을 국자감에 보냄.	1392	고려 멸망, 조선이 성립
		閩人 서른여섯 명이 귀화했다고 전해진다	1402	마라카 왕국이 성립
1404	武寧 9	책봉사 처음으로 도래	1404	明日 간에 勘合 무역 시작
1406	尙思紹 1	尙思紹, 武寧을 멸하고 中山王이 되다		
1429	尙巴志 8	巴志, 南山을 멸하고 섬 통일	1436	尙忠, 자바에 사절 파견. 足利義敎, 書를 류큐에 선물하다
1458	尙泰久 5	護佐丸, 阿麻和利의 난. 永代院을 창건 (이 무렵 사원 건립 빈번)	1446	왜적, 명나라 침략. 이 무렵 노[能] · 교겐[狂言] 완성
1466	尙德 6	尙德, 嘉界島에 원정. 琉使, 足利義政에게 간청하여 總門 밖으로 철포를 보냄	1463	마라카, 수마투라와 통교. 조선인, 미야코에 표류
1469	9	尙德王 사망, 尙円 왕위에 오르다		
1477	尙眞 1	尙眞 즉위. 조선인, 八重山에 표류하여 송환되고, 견문기를 남기다	1477	應仁의 난 끝나다
1492	16	円覺寺를 건립	1490	파타니와 교역 시작
			1498	포르투갈의 바스코 다 가마, 인도 항로를

			발견
1500	24	아카하치의 난〔八重山〕을 평정. 仲宗根宗豊見親, 宮古頭職이 되다	1505 포르투갈인의 인도 경영 시작
			1513 수단국과 통교
1509	33	百浦添欄干을 조영.	1521 스페인 마젤란, 루손 섬에 도착
1519	43	園比屋御嶽 창건. 弁이 嶽에 돌담 돌문을 창건	
1531	尙淸 6	《오모로소우시》제1권 편집	1543 철포, 種子島에 전래 (포르투갈인)
			1549 기독교 전래
			1557 포르투갈인, 마카오 점령
1571	尙元 16	尙元, 大島를 정복	1573 무로마치막부 멸망
1592	尙寧 4	謝名 일족 모반. 龜井, 征琉를 계획. 도요토미 히데요시 류큐에 부역 부과	1592 文祿의 난, 조선 출병
			1600 세키하라 전투. 영국, 동인도 회사를 설립
			1602 네덜란드, 동인도회사를 설립
1606	18	島津義弘, 류큐를 매개로 명나라 무역. 島津家久, 家康으로부터 류큐 정벌 허락받음	1603 에도막부 성립
			1604 프랑스, 동인도회사 설립
1609	21	島津 류큐 침입. 尙寧, 사츠마에 억류	1609 네덜란드 상관, 平戶에 설치
1611	23	島津, 류큐 檢地를 마침. 尙寧, 귀국이 허락되다	1610 샴, 루손 등에 일본인 마을 생김
1613	25	《오모로소우시》제2권 편집	1615 청이 흥하다. 어주인선(御朱印船)의 제정
1617	29	일본화를 금하는 영을 내리다. 向象賢 출생	1619 네덜란드가 자바에 진출

		조선도공을 데리고 오다	1620 루손의 일본인 번역
1623	尙豊 3	《오모로소우시》 제3권 이하 편집	1622 남만선, 八重山으로 와서 기독교를 포교
1634	14	賀慶使, 恩謝使의 시작	
1637	17	先島의 貢租를 인두세로 부과하다	1639 寬永의 쇄국령(쇄국 완성)
1650	尙質 3	向象賢, 《中山世鑑》을 저술하다	1644 명나라 멸망
1659	12	先島의 공조를 상포로 대납하게 하다	
1667	20	向象賢, 야마토 예능 기타에 대해 영달	
1682	尙貞 14	壺屋에 도공을 모아 거주하게 하다. 崇元寺, 기와를 잇다	1683 청나라, 대만을 영유
1689	21	系圖座 창설	
1701	33	察鐸, 《中山世譜》를 저술하다	
1711	尙益 2	《混効驗集》 편찬	
1713	尙敬 1	尙敬 즉위. 《琉球國由來記》 완성	
1719	7	尙敬, 책봉을 받아 組踊 처음 상연	1719 新井白石《南島志》 저술
1724	12	仲村渠致元, 八重山에 건너가 도자기 제법을 전하다	1721 막부 《六論衍義》를 간행
1731	19	《琉球國舊記》 완성. 왕부, 고대사에 대해 의견을 보이다	
1732	20	'敎條'를 발포	
1745	33	《球陽會記》 완성. 仲宗根親雲上, 唐燒物主取가 되다	
1749	37	察溫, 《獨物語》를 저술. 당시 인구 2만 명으로 전함	
1750	38	檢志 행하다	
1786	尙穆 35	科律, 糾明法條 제정	1791 외국선 도래처치령

연도	왕대	류큐	일본/세계
1798	尙溫 4	官生 소동. 국학 창건	
1816	尙灝 13	영국 아르세토스호, 라이라호 류큐에 오다	
1831	尙育 4	新集科律을 제정	
1844	17	佛國 아르메르호 나하에 입항하여, 선교사 포르카도 등 두 명을 남기고 떠남	1840 아편 전쟁(청나라)
1846	19	프랑스 함선 류큐에 오다. 베텔하임	
1853	尙泰 6	페리 류큐에 내항. 薩人이 류큐인으로 변장하여 외교 교섭의 자리에 나오다.	1853 페리가 浦賀에 오다
1854	7	베텔하임 류큐를 떠나다. 러시아 함대가 오다. 페리 다시 류큐 내항. 페리 세 번 류큐 내항. 류큐 수호조약 체결	1854 미일화친조약 체결 1858 미일수호통상조약 (개국)을 체결. 이어서 영국, 프랑스, 러시아 체결
1859	12	류큐 네덜란드 수호조약 체결. 牧志·恩河 사건	
1860	13	법조를 제정	
1861	14	文替 시작(동전 1文 철 2전 2문 비율)	
1872	25	메이지 정부에서 책봉을 받아 류큐번	1873 地租 개정이 시작
1874	27	征臺의 난	
1878	31	琉使, 영·미·프랑스 공사에 류큐 문제는 국제 문제화하려 함	1877 西南의 난 일어나다
1879	32	松田, 폐번치현을 건네줌. 木梨制, 縣令心得이 되다. 縣令으로 鍋島直彬을 임명. 상시이 사건, 그랜트가 일본으로 와서 分島案을 제시	1883 프랑스, 월남(베트남)을 보호국으로 하다 1886 영국, 미얀마를 점령 1887 프랑스, 인도지나를 지배 1888 市町村制

1892	宮古에서 인두세 폐지 운동이 일어나다. 《琉球新報》 창간	1889	대일본제국헌법의 발포
		1890	제1회의회 · 교육칙어 · 부현군제
1894	국회, 宮古 농민의 청원을 채택. 謝花昇, 杣山 개간 문제로 奈良原 지사와 대립	1894	청일 전쟁 개시
		1895	청일 전쟁 종료
1903	先島에 地租條令, 국세징수법 시행. 《沖繩新聞》 간행	1900	북청사변(의화단의 난)
		1904	노일 전쟁 시작
		1911	청에서 신해혁명 일어남
		1912	청나라 멸망, 중화민국 성립
1921	나하 · 슈리에 市制 시행	1914	제1차 세계대전 시작
1925	오키나와의 경제적 파탄 · 농촌의 피폐 심해져, 大正 말기부터 昭和 초년의 궁핍 상황은 '소철지옥'으로 불렸다.		
		1945	미군 상륙, 미해군 정부 포고(니미츠 포고)를 공포. 일본 패전
1951	일본 복귀 촉진 기성회가 결성되는 등, 조국 복귀 운동이 일어남. 샌프란시스코 조약, 미일 안보조약과 더불어 조인. 샌프란시스코 조약 제3조에 의해 오키나와 · 奄美 등 미시정권하에 놓임		
1960	오키나와겐 조국복귀협의회 결성		
1972	오키나와, 조국에 복귀		

참고 문헌

仲原善忠, 《琉球の歷史》(昭和 27年·敎科書 文敎恩書 昭和 53年 단행본으로 개판)

比嘉春潮, 《沖繩の歷史》(昭和 34年 沖繩タイム社)

比嘉春潮·霜多正次·新里惠二, 《沖繩》(昭和 38年 岩波新書)

新里惠二, 《沖繩史を考える》(昭和 45年 頸草書房)

松本雅明, 《沖繩の歷史と文化》(昭和 46年 近藤出版社)

高良倉吉, 《琉球の時代》(昭和 55年 筑摩書房)

伊波晉猷, 《古琉球》(初版 明治 44年, 改正 初版 昭和 17年)

柳田國男, 《海南小記》(大正 14年)

伊波晉猷, 《沖繩考》(昭和 17年 創元社)

柳田國男, 《海上の道》(昭和 36年)

折口信夫, 〈國文學の發生〉, 《古代硏究 國文學篇》(昭和 4年 大岡山書店)

仲原善忠, 〈中城動亂のオモロ〉, 《沖繩文化》第1號(昭和 36年)

外間守善, 《南島文學》, 鑑賞日本古典文學 25(昭和 51年 角川書店)

外間守善, 《沖繩文學の世界》(昭和 54年 角川書店)

外間守善, 《沖繩の言葉》, 日本語の世界 9(昭和 56年 中央公論社)

外間守善, 《おもろそうし》, 古典を讀む(昭和 60年 岩波書店)

東恩納寬惇, 《黎明期の海外交通史》(昭和 16年 帝國敎育會出版部)

宮城縣治, 《古代沖繩の姿》(昭和 29年 自家版)

金關丈夫, 《八重山群島の古代文化》(《民族學硏究》19卷 2號 昭和 30年)

鈴木 尙, 《骨から見た日本人のルーツ》(昭和 58年 岩波新書)

比嘉政夫,〈沖繩の年中行事〉,《沖繩縣史》, 第23號(昭和 18年 沖繩縣)

ジェイムズ・フレイザー,《洪水傳說》(星野徹譯 昭和 48年 國文社)

講座,《日本の神話》, 全12卷(昭和 51-53年 有精堂)

國分直日,《環シナ海民族文化考》(昭和 51年 慶友社)

〈日本文化の明暗〉(81天城シンポジウム 埴原和郎他《無限大》56號, 昭和 57年 日本アイ・ビー・エム)

〈法政大學沖繩研究國際シンポジウム〉(小泉文夫研究發表 昭和 57年 10月)

江上波夫,〈東シナ海をめぐる文化交流〉(昭和 57年 10月 沖繩縣 主催・沖繩研究國際シンポジウム記念講演)

森浩日,《甦る古代への道》(昭和 59年 德間書店)

高宮廣衛,〈沖繩編年のいわゆる後期遺跡について─彌生文化との關連において〉(昭和 60年 3月,《日本史の黎明》, 八幡一郎先生頌壽記念考古學論集 六興出版)

慶世村恒任,《宮古史傳》(昭和 2年 數回の夏刻板 있음)

稻村賢敷,《宮古島庶民史》(昭和 32年 共同印刷社)

喜捨場永珣,《新訂增補 八重山歷史》(昭和 50年 國書刊行會 初版 昭和 29年 9月 八重山歷史編纂委員會)

牧野 淸,《新八重山歷史》(昭和 47年 自家版)

中山盛茂,《琉球史辭典》(昭和 44年 文敎國書)

島袋盛敏・翁長俊郎,《表音評譯 琉歌全集》(昭和 43年 武藏野書院)

《琉球史料叢書》, 全5卷(昭和 47年 夏刻 東京美術)

外間守善他,《南島歌謠大成》, 全5卷(昭和 53-55年 角川書店)

《沖繩大百科事典》(昭和 58年 沖繩タイム社)

저자 소개

호카마 슈젠〔外間守善〕

1924년 오키나와겐〔沖繩縣〕에서 출생.

1950년 국학원대학 문학부 졸업. 류큐대학, 법정대학 교수를 거쳐 현재 오키나와 현립예술대학 객원교수, 오키나와학연구소 소장.

문학박사. 전공은 국어학·오키나와 문학.

주요 편저서
《오키나와 문학의 세계》
《남도의 문학》
《오키나와 언어》
《오키나와 고어대사전》
《남도의 신가(神歌)》
《남도의 민요》
《남도의 서정》
《오키나와 학(學)으로서의 길》 외 다수의 문헌이 있음.

역자 소개

심우성(沈雨晟): 1934년생, 민속학자, 1인극 배우.

1954년 서울방송국 아나운서.

1960년 민속극회 남사당 설립 대표.

1963년 국립영화제작소 대한뉴스 아나운서.

1966년 한국민속극연구소 설립(현재).

1970년 서라벌예대, 서울예전, 덕성여대, 중앙대, 한양대 등
　　　　 연극사, 인형극, 민속학 개론 강의.

1980년 문화재관리국 문화재위원.

1985년 아시아 1인극협회 창립 대표(현재).

1988년 한국민족예술인총연합 지도위원.

1994년 민학회 회장.

1995년 문화재청 무형문화재 분과위원 위원장.

1996년 공주민속극박물관 개관.

1999년 한국종합예술학교 전통예술원 객원교수.

2003년 중국 연변대학 민족학연구원 객좌교수.

2004년 문화재청 문화재감정위원.

현재 한국민속극연구소 소장.

저서　　《무형문화재총람》(민학사), 《남사당패연구》(동문선)
　　　　《마당굿연희본》(깊은샘), 《한국의 민속극》(창작과비평)
　　　　《민속문화와 민중의식》(대화출판사)
　　　　《우리나라 민속놀이》(동문선), 《민속문화론서설》(동문선)
　　　　《한국전통예술개론》(동문선), 《전통문화를 찾아서》(동문선)
　　　　《우리나라 탈》(개마서원), 《우리나라 인형》(개마서원)
　　　　《民俗文化 と民衆(日本 行路社)》외 번역서 12종.

현대신서
205

오키나와의 역사와 문화

초판발행 : 2008년 1월 20일

東文選

제10-64호, 1978. 12. 16 등록
110-300 서울 종로구 관훈동 74번지
전화 : 737-2795

편집설계 : 李娗炅

ISBN 978-89-8038-620-8 94910